Ingo Stock

W0074492

111 Orte auf Spiekeroog, die man gesehen haben muss

emons:

Bibliografische Information der Deutschen Nationalbibliothek
Die Deutsche Nationalbibliothek verzeichnet diese Publikation
in der Deutschen Nationalbibliografie; detaillierte bibliografische
Daten sind im Internet über http://dnb.d-nb.de abrufbar.

© Emons Verlag GmbH
Alle Rechte vorbehalten
© der Fotografien: Ingo Stock, außer:
Seite 41 unten, Seite 61, 79, 127, 205: Patrick Kösters;
Seite 87: Swantje und Eicke Germis;
Seite 119: shutterstock.com/Karel Bartik;
Seite 169 oben, Seite 179 oben, Seite 221 unten: Edgar Schonart;
Seite 175: shutterstock.com/Skyprayer2005;
Seite 195: mauritius images/Minden Pictures/Dick Pasman;
Seite 197 oben: Maxie Neubacher/Patrick Kösters;
Seite 199: Roland A. Berg (Andrea Kath, Ralf Brand);
Seite 223: Anja Sander
© Covermotiv: shutterstock.com/haru
Layout: Eva Kraskes, nach einem Konzept
von Lübbeke | Naumann | Thoben
Kartografie: altancicek.design, www.altancicek.de
Kartenbasisinformationen aus Openstreetmap,
© OpenStreetMap-Mitwirkende, ODbL
Druck und Bindung: CPI – Clausen & Bosse, Leck
Printed in Germany 2018
ISBN 978-3-7408-0339-1
Originalausgabe

Unser Newsletter informiert Sie
regelmäßig über Neues von emons:
Kostenlos bestellen unter
www.emons-verlag.de

Vorwort

Spiekeroog ist anders, ganz anders. Zumindest anders als das, was man vorher kannte. Die meisten, die Spiekeroog kennenlernen, lieben dieses Anderssein und kommen immer wieder – viele von ihnen ihr Leben lang. Spiekeroog ist einzigartig, magisch und unfassbar schön. Wer die Insel besucht, sollte sie achtsam, mit Neugier und allen Sinnen erkunden – dann lässt sich ihr Zauber besonders gut erfühlen.

Spiekeroog-Neulinge geraten rasch ins Dauerstaunen. Anstelle von Hochhäusern und massigen Hotelklötzen gibt es auf Spiekeroog schmucke Inselhäuser, eine uralte Kirche (die älteste der ostfriesischen Inseln), mit Schildchen geschmückte Bänke und einen Polizisten, der mit Unterstützung eines gewieften Vierbeiners seine Runden dreht. Fußgänger sind die treibende Kraft im Straßenverkehr, auch mit Koffern und Kindern beladene Bollerwagen sind häufig. Fahrräder sind öffentlich nicht ausleihbar. Autoabgase sind der Insel fremd, auch hoch oben in der Luft schwebt kein Kerosin. Spiekeroog ist die einzige ostfriesische Insel ohne Flughafen.

Der besondere Reiz der Insel ist für jeden ein anderer. Außerhalb des Dorfes zieht es so manchen in die Wälder. Auf keiner anderen ostfriesischen Insel gibt es so viele Wäldchen wie auf Spiekeroog – darunter den ältesten Wald der ostfriesischen Inseln. Abenteurer und passionierte Vogelfreunde zieht es meist in Richtung Osten – über die Salzwiesen der wilden Ostplate bis (fast) nach Wangerooge. Andere lieben den kultigen Zeltplatz und die bezaubernden Süderdünen im Südwesten. Wieder andere schreiten am liebsten auf einer Sandbank dem Sonnenuntergang vor Langeoog entgegen – bevor sie im Old Laramie ihren Tag zu Ende tanzen. Eine alte Linde, eine ausladende Ulme, die einst einzige Buche und sogar ein prächtiger Feigenbaum erzählen auf Spiekeroog ihre bunten Geschichten. Besonders beliebt ist die Insel auch bei Stranddisteln, Sumpfohreulen und dem tropisch anmutenden Löffler – nirgendwo in Deutschland gibt es diese wunderschönen Wesen häufiger als auf Spiekeroog.

111 Orte

1 Am alten Fähranleger

Eine Reise in abenteuerliche Vergangenheit

Wer am Spiekerooger Zeltplatz ein paar Schritte in Richtung Süden marschiert, streift rechter Hand einen Infopavillon und alsbald einen Zaun – an diesem entlang geht es ans Meer. Dort flattern zur Linken zwischen wogenden Gräsern zahllose Vögel auf und nieder, zur Rechten streift der Blick den auslaufenden Kamm der Süderdünen. Die in den Hafen ein- und auslaufenden Fähren schippern in Sichtweite, man schaut in Richtung Festland und nach Langeoog. Es ist kaum zu glauben, dass dieser stille Ort noch vor einigen Jahren zu den lebhaftesten Punkten Spiekeroogs gehörte. Und doch befand sich unweit der heutigen Idylle der alte Fähranleger, an dem die Menschen jahrzehntelang Spiekeroog erreichten oder verließen.

Die Geschichte des Fähranlegers ist eng mit der einstigen Pferdebahn verknüpft, da sie das Dorf mit dem Anleger verband. Abreisende Gäste gelangten mit der Bahn bis zum Nordende des Anlegers, wo sie mit ihrem Handgepäck über einen Brückensteg gingen. Am Brückenkopf des Anlegers lag das Fährschiff zur Abfahrt bereit. Bei stürmischem Wetter kam es vor, dass das Seewasser durch die Bohlenritzen schwappte und Füße und Gepäck umspülte. Im Winter 1925 zerbrach der Anleger im Sturm, es wurde aber ein neuer errichtet. Mit der Stilllegung der letzten Pferdebahn Deutschlands am 31. Mai 1949 veränderte sich der Anleger. Im Gegensatz zur Pferdebahn fuhr die fortan verwendete Lokomotive auf einer verlängerten und verstärkten Gleisbrücke bis zum Brückenkopf hinauf. Nach Eröffnung des ortsnahen Hafens am 31. Mai 1981 avancierte der nicht mehr benötigte Anleger zu einem beliebten Wanderziel. Um zu verhindern, dass sich bei Stürmen den Schiffsverkehr gefährdende Konstruktionsteile lösen, wurde der Anleger im Sommer 2009 von einem Borkumer Offshore-Unternehmen abgebaut. Der inselinterne Rückbau hätte über eine Million Euro gekostet.

Adresse Südwestspitze der Insel, nahe Zeltplatz | **Zugang** vom Dorf über Westend und Palisadendiek zum Zeltplatz | **Tipp** Während der Brutzeit der Vögel (April–Juli) ist der Weg zum alten Anleger gesperrt. Wendet man sich hinter dem Infopavillon nach rechts, kann man aber auch in dieser Zeit vom Kamm der Süderdünen eine wunderschöne Aussicht genießen.

2 Die alte Linde

… und die Hoteltür, die sich nach innen öffnet

Nach den baurechtlichen Vorschriften in Deutschland müssen sich Eingangstüren von Hotels und Gastronomiebetrieben nach außen öffnen, sofern sie als Fluchtwege dienen. Da diese Vorschrift nicht nur für das Festland gilt, öffnen sich auch auf Spiekeroog die Eingangstüren der Hotels in vorgeschriebener Richtung – mit einer Ausnahme: Die Eingangstür des Hotels zur Linde lässt sich nur nach innen öffnen. Grund dafür ist eine prächtige denkmalgeschützte Linde, die einige Meter links von der Eingangstür steht. Einer ihrer unteren, besonders mächtigen Äste wächst bis über die Tür hinaus. Große Menschen müssen sich bücken, wollen sie sich beim Betreten des Hotels nicht verletzen – der beschriebene Ast befindet sich unter der oberen Türkante.

Das Hotel zur Linde wurde 1856 errichtet und ist damit jünger als die etwa 200 Jahre alte, windgeformte Linde. Das zu den ältesten Bäumen Spiekeroogs gehörende Gewächs erlebte folglich die gesamte Hotelgeschichte hautnah mit. Es lernte die ersten Hotelbesitzer, die Erben des Inselvogtes Willms, kennen, die über das Monopol des Alkoholverkaufs verfügten und auch den einzigen Kolonialwarenladen der Insel besaßen. Der Gasthof bestand in seiner Anfangszeit nur aus drei Gästezimmern und einem »Conversationslokal«, wo sich alle Gäste der Insel zur Unterhaltung oder Einnahme von Mahlzeiten treffen konnten. 1906 wurde der nördliche Anbau, 1911 und 1912 der südliche Aufbau des Hotels errichtet.

Die Linde selbst genoss zu früheren Zeiten vor allem das »Schummeln«, den großen Frühjahrsputz vor Eintreffen der Sommergäste. Hierbei wurden neben dem Hotel auch der Stamm und die Äste der Linde sorgfältig geschrubbt.

Heute gibt es im Hotel zur Linde abseits der Schlafgemächer ein liebevoll eingerichtetes Restaurant mit Lichtskulpturen von Karamulis und Bildern der Malerin Renate Krebs sowie eine zünftige Seefahrerkneipe, das Kap Hoorn.

Adresse Hotel zur Linde, Noorderloog 5, Tel. 04976/91940, www.hotelzurlinde.eu | **Tipp**
Im Café Klönstuv, direkt gegenüber dem Hotel, wurden kürzlich Wandmalereien des
Inselmalers Heinrich Sanders wiederentdeckt. Nur wenige Meter neben dem Hotel
befindet sich die Inselbäckerei, in der man sich mit selbst gebackenem Sanddornkuchen
versorgen kann – ein unvergleichlicher Genuss.

3 Die alte Rettungsstation

Das Rettungsboot im Pferdestall

Wer das weiß getünchte Haus im Westend erstmals erblickt, ahnt meist nicht, dass dieses Gebäude zu den ersten Rettungsstationen an der deutschen Küste gehörte. Heute ist das Terrain rund um den Bau ein Tummelplatz für Reiter. Oft sieht man dort Jugendliche in Begleitung ihrer Lehrer – geduldig erklären sie ihren Schützlingen das ABC des Reitens. Für die gepflegten Islandpferde, die am Haus angebunden werden, ist das Gebäude der Sommerstall.

Die Geschichte von Spiekeroogs erster (alter) Rettungsstation beginnt zu einer Zeit, in der man sich mit dem Schicksal Schiffbrüchiger in Mitteleuropa intensiv beschäftigte. Um 1850, als es an Englands Küste schon einige hundert Rettungsstationen gab, »verharrte man im übrigen Europa noch in Gleichgültigkeit und im Mangel an Humanität gegenüber den zahlreichen Schiffbrüchigen«. Mit diesen nicht unumstrittenen Worten kommentierten Meyer-Deepen und Meijering, zwei angesehene Spiekeroog-Experten, in einem alten Buch über Spiekeroog ihre Gedanken zu jener Zeit. Tatsächlich intensivierte sich der Rettungsgedanke an der ostfriesischen Küste, nachdem 1854 vor Spiekeroog das Auswandererschiff »Johanne« (siehe Ort 44) und am 10. September 1860 vor Borkum die Brigg »Alliance« gestrandet war und viele Menschen den Tod gefunden hatten. 1861 gründete Oberzollinspektor Georg Breusing in Emden den Verein zur Rettung Schiffbrüchiger in Ostfriesland. Ein Jahr später wurde auf Spiekeroog eine Rettungsstation nach ostfriesischem Typ – weiß, mit kirchenähnlichen Fenstern – erbaut und mit einem Ruderrettungsboot auf fahrbarem Untersatz ausgestattet. Dessen erster Fuhrmann ist noch heute eine Insellegende (siehe Ort 34). Am 29. Mai 1865 gründete Arwed Emminghaus, Redakteur des Bremer Handelsblattes, die Deutsche Gesellschaft zur Rettung Schiffbrüchiger (DGzRS).

Die überall auf der Insel aufgestellten »DGzRS-Sparschiffe« freuen sich über eine Spende.

14

Adresse Westend 7 | **Zugang** vom Dorf über Westend, die Rettungsstation liegt 300 Meter hinter dem Deich linker Hand | **Tipp** Islandpferde sind friedliche, wunderschöne Tiere – der Ausritt auf ihnen ist ein unvergessliches Erlebnis. Thematisch passend ist natürlich auch ein Spaziergang zum neuen Rettungsschuppen, den Spiekeroog 1909 erhielt (siehe Ort 62).

4 Die Andachtsjurte

Das versteckte Zelt am Haus Quellerdünen

Von ferne ist jener Raum, der in jedem Jahr von Anfang April bis Ende Oktober am Haus Quellerdünen zu finden ist, kaum zu erkennen. Und das soll auch so sein. Als Sid Patyk, erster Vorsitzender des Christlichen Vereins Junger Menschen (CVJM) in Bennigsen-Lüdersen, im Rahmen einer Arbeiterfreizeit zu Ostern 2016 mit sechs Helfern die etwa 50 Quadratmeter große Andachtsjurte errichtete, wollten sie einen Gruppenraum für 40 bis 60 Personen erschaffen, in dem man geschützt vor spontanen Wetterumschwüngen diskutieren, nachdenken oder in Stille sein konnte. Die Jurte sollte sich möglichst unauffällig in das Gelände einfügen. Für die Verwirklichung ihrer Pläne wählten Patyk und seine Helfer einen Zelttyp, der an das traditionelle Zelt der Nomaden in West- und Zentralasien erinnert. Die Jurte als solche gehört allerdings schon seit Langem zum Inventar der deutschen Jugendbewegung, von Pfadfindern und anderen Jugendorganisationen.

Spaziergänger, die das schmucke CVJM-Haus Quellerdünen auf einem Spaziergang auf dem Tranpad passieren, bestaunen meist die ansprechende Architektur des aus vier Häusern mit insgesamt 120 Betten bestehenden Komplexes. Nur wenige Neugierige pirschen sich bis an die Jurte heran. Im beliebten CVJM-Haus erfreuen sich jedes Jahr zahlreiche Gruppen an den Vorzügen der fernsehfreien Welt am Meer: Gemeinschaft, Stille, Meeresrauschen, Stürme und Sonnenuntergänge, aber auch Vollpension und ein Fußballplatz werden geboten.

Bevor das einstige Quellerdünenheim ein Haus des CVJM-Landesverbandes Hannover wurde, diente es einer bunten Vielfalt an Menschen als Wohn- und Rückzugsort. Der 1925 errichtete Bau fungierte unter anderem als Jugendherberge und Flüchtlingsheim, im Zweiten Weltkrieg als Unterkunft für eine Marine-Artillerie-Einheit und nach dem Krieg kurzzeitig als Außenstelle des Biologischen Instituts der Universität Hamburg.

Adresse CVJM-Haus Quellerdünen, Tranpad 18, Tel. 04976/228, https://quellerduenen.de |
Zugang zum Beispiel vom Hellerpad Richtung Hermann Lietz-Schule, 250 Meter vor der
Schule links auf den Tranpad abbiegen, dem Weg noch etwa 400 Meter folgen | Tipp Am
Haus Quellerdünen kann man einen kreativ gestalteten Miniatur-Barfußpfad erproben und
eine außergewöhnliche Glocke (siehe Ort 24) entdecken.

5 Das Atelier Mondstein
Schmuckstücke selbst schmieden

Wer das heimelige Atelier mit der angeschlossenen Werkstatt am Süderloog betritt, gerät rasch ins Staunen über das, was in diesen Räumen möglich ist – und was für wundervolle Schmuckkreationen man dort finden kann. In der Schmiede des Hauses ist vor allem die eigene Kreativität gefragt. In kleinen Kursen, in denen maximal sechs Teilnehmer von zwei Lehrern betreut werden, kann jeder sein eigenes Schmuckstück kreieren. Zu den beliebtesten Eigenkreationen gehören selbst geschmiedete Silberringe mit Gravur, aber auch Anhänger, Broschen und Ohrschmuck. Wer nicht selbst gestalten mag, kann seine Ideen auch in Auftrag geben oder die ausgestellten Exponate, in denen Gold, Silber, Bronze, Edelsteine und Spiekerooger Bernstein verarbeitet wurden, erwerben.

Das Schmuckatelier Mondstein und sein Lager, einst ein Schweinestall, befinden sich im circa 100 Jahre alten Ostanbau eines Gebäudes, das auch als Huus Wellhorn (früher Haus Wattblick) bekannt ist. Es stammt aus der ersten Phase der Dorfneugründung im 17. Jahrhundert und ist damit mehr als 350 Jahre alt. 2009 und 2010 wurde das denkmalgeschützte Haus von einer Kölner Firma saniert. Der westliche Hausflügel mit seiner verglasten Veranda wird als Ferienwohnung, der Mittelteil von der Familie Franke als Wohnbereich genutzt. Werner Franke und seine Frau Christa übernahmen das Haus im Oktober 2009 und sind auch die Inhaber des Ateliers. Die von ihnen ausgestellten Schmuckkreationen werden allesamt von der Familie und zwei Mitarbeiterinnen hergestellt.

Neben der künstlerisch kreativen Welt der Schmuckgestaltung kann man im Atelier auch in die Welt der Lyrik und Poesie eintauchen. Werner Franke schreibt stimmungsvolle Bilder über die Nordsee, von denen manche im Atelier ausliegen (»Ich bin das Meer«). Selbst gefertigte Zeichnungen, Postkarten und kleine Skulpturen vervollständigen die bunte Welt eines liebevoll ausgestalteten Künstlerhauses.

Adresse Süderloog 17, Tel. 04976/706389 | **Öffnungszeiten** Atelier ganzjährig Mo–Sa 10–13 Uhr, Kurse Di, Mi 15–18 Uhr, Kursnachmittag 99 Euro plus Material, zwei Kurse 189 Euro plus Material (mindestens 4 Teilnehmer) | **Tipp** Einige der von der Familie Franke hergestellten Schmuckstücke können im Schmuckpavillon schräg gegenüber der Kogge bestaunt werden.

6 Die Aussichtsturmreste

… an der lauschigen Straße Bi d'Utkiek

Viele Straßen auf Spiekeroog tragen plattdeutsche Namen, die sich auf historische Ereignisse oder Orte beziehen. Zu diesen gehört auch die am nördlichen Dorfrand gelegene Straße Bi d'Utkiek (plattdeutsch für Beim Ausguck, Bei der Aussicht), die sich südlich einer Dünenkette an einem heimeligen Wäldchen entlangzieht und den Noorderpad mit dem Slurpad verbindet.

Der Name Bi d'Utkiek ist zunächst nicht nachzuvollziehen, da es dort keinen nahe gelegenen Aussichtspunkt gibt. Das war jedoch einmal anders. Im Auftrag des »Vereins zur Rettung Schiffbrüchiger in Ostfriesland« wurde im April 1864 in den Dünen nördlich der heutigen Straße ein knapp 16 Meter hoher Aussichtsturm (»Utkiek«) errichtet. Das vierbeinige Eisengerüst trug in 14,5 Meter Höhe eine quadratische Holzplattform, auf der ein luftiges Geländer befestigt war – die Plattform war über eine schlichte Eisenleiter zu erreichen.

Der ursprüngliche Sinn des Turms bestand vermutlich darin, im Deutsch-Dänischen Krieg dänische Boote aufzuspüren. Militärisch genutzt wurde der Turm jedoch nie. Er diente vielmehr dazu, den Schiffsverkehr zu beobachten und in Seenot geratene Boote auszumachen. In einem solchen Fall wurde die Mannschaft des Ruderrettungsbootes benachrichtigt, die dann zur Rettungsstation ausrückte. Darüber hinaus wurde der Turm wahrscheinlich aber auch von jenen genutzt, die ein bisschen Nervenkitzel liebten oder die den hervorragenden Rundblick über die Insel bis hin zum Festland und zu den Nachbarinseln genießen wollten.

1937 und 1938 wurde der Turm wegen Baufälligkeit demontiert. Zwei Fundamentteile sind aber noch heute zu finden: Folgt man der Straße Bi d'Utkiek vom Gartenweg her und hält sich in der Mitte des Kirchenwäldchens links (zwei Bänke zur Linken), gelangt man über einen asphaltierten Weg in die Dünen, wo die Fundamente rechter Hand zu sehen sind.

Adresse Dünenkette nahe Bi d'Utkiek | **Tipp** Eine noch bessere Sicht auf die Turmreste erhält man, wenn man dem rechtsseitig vom Dünenweg verlaufenden Zaun bis zu seinem Ende folgt. Wendet man sich dann nach rechts, streift man linker Hand ein Grundstück, an dem man einige Meter entlanggeht. Hinter dem Baumvorhang zur Rechten entdeckt man die Überbleibsel des Turms.

7__ Das Backdeck

Wohlfühlbäckerei mit liebenswerten Kuriositäten

Als das Backbord am 30. Juni 2016 seine Türen öffnete, ahnte kaum jemand, dass sich die später in Backdeck umbenannte Bäckerei und Inselrösterei schon bald zu einem der beliebtesten Begegnungsorte mausern würde. Dies liegt vor allem an dem Bäckerei-Café, in dem einen eine heimelige Atmosphäre und eine mit liebenswerten Details gespickte Einrichtung – mit alten Kaffeeschildern, Kaffee-Lernbaukasten und historischem Kaffeeplakat – umgibt. Man entspannt in gemütlichen Sitzecken, an einem Tisch mit hängenden Kaffeekannen oder auf königlichen Sesseln aus rotem Brokat. Im Winter ist das Backdeck-Café einer der wenigen geöffneten Gastronomieorte. In der Weihnachtszeit ist der Besuch des festlich geschmückten, in warmes Licht getauchten Cafés besonders wohltuend. Im Sommer plaudern die Menschen auf den vor dem Café aufgestellten Stühlen und Bänken.

Zu den Spezialitäten der Bäckerei gehören Kuchen (Achtung: Marzipankuchen!) und Teilchen (Obacht vor Quarktaschen!), wobei man die Bäckermeister und Konditoren bei der Herstellung der Leckereien beobachten kann (gläserne Backstube). Dank einer beweglichen Holztreppe mit kleiner Empore können auch ganz junge Gäste in die Bäckereiauslage gucken. Eine weitere Besonderheit ist die in den Verkaufsraum integrierte, handwerklich ausgerichtete (bewusst nicht voll automatisierte) Röstmaschine. Der Kaffee für die Rösterei stammt aus zehn Ländern und wird über einen Agenten direkt bei den Kaffeebauern eingekauft.

Bemerkenswert ist, dass die Bäckerei ursprünglich aus der Not entstand: Nachdem der einzige ortsansässige Bäcker Anfang 2016 bekannt gegeben hatte, dass sein Betrieb 2016 nicht öffnen werde, setzte Familie Leisner, die zuvor bereits die insolvente Jugendherberge übernommen und kernsaniert hatte, ihr Konzept einer Bäckerei mit Rösterei in Zusammenarbeit mit der Nordseebad Spiekeroog GmbH und der Gemeinde in weniger als drei Monaten um.

Adresse Noorderpad 25, Tel. 04976/2010008, http://www.backdeck-spiekeroog.de |
Öffnungszeiten April–Okt. täglich 7.30–17.30 Uhr, Nov.–März täglich 8–11 und
13–16 Uhr | **Tipp** Wenn Sie bei Bestellung eines Espresso weiterhin fragend angeschaut
werden, zögern Sie nicht, Ihren Wunsch zu spezifizieren: Sie haben die Wahl zwischen drei
Sorten. Geröstete Kaffeespezialitäten kann man auch kaufen und nach Hause tragen.

8_ Die Belegstelle für Bienenköniginnen

Ein begehrtes Liebesnest am Waldessaum

Das »Verkehrsschild« am Wegesrand sorgt für Irritation. Menschen, die am Rande des Friederikenwäldchens zufällig das Hinweisschild der Belegstelle entdecken, schauen sich meist fragend um. Doch mehr als ein Zaun und kleinere Bäume sind im Umfeld des Schildes nicht zu sehen – zumindest an den meisten Tagen des Jahres. Danach wird über die Bedeutung des Schildes diskutiert. Irgendeine Assoziation hat vermutlich jeder – oft ist sie jedoch von der Wahrheit weit entfernt.

Seit 1993 kümmern sich Aribert Prill und Reinhard Andritschke, die außerhalb der Saison in Springe bei Hannover leben, um die seit 1960 existierende Bienenköniginnenbelegstelle auf Spiekeroog. Rund 20 Bienenvölker haben dort ihren festen Wohnsitz und treffen auf bis zu 1.200 Bienenköniginnen pro Saison. Die auf Spiekeroog eintreffenden Königinnen kommen aus Deutschland, Belgien und den Niederlanden, um sich mit Spiekerooger Drohnen zu paaren. Den Züchtern ist vor allem an Reinzuchtköniginnen gelegen: Wichtige Ziele der Bienenzucht wie Honigleistung, Sanftmut und Widerstandskraft gegen Krankheiten sind mit solchen Bienen leichter zu erreichen.

Im Gegensatz zum Festland lässt sich auf Inseln der Hochzeitsflug der Königin kontrollieren. Nach Spiekeroog gebrachte unbefruchtete Bienenköniginnen können auf der Insel nicht fremdgehen: Spiekerooger Drohnen fliegen nicht über das Wasser, gleichzeitig kommen auch keine fremden Bienenmännchen auf die Insel. Drohnen und Königinnen verlieren über dem Meer ihre Orientierung.

Die Hochzeit der Bienen ist wenig romantisch: Jede Bienenkönigin paart sich mit 15 bis 25 Drohnen, und zwar ausschließlich im Flug hoch in der Luft. Löst sich der Drohn nach der Begattung von der Königin, reißt sein Hinterleib ab, und er stirbt. Der Sanftmut Spiekerooger Drohnen lässt inselfremde Königinnen kalt.

Adresse Friederikenweg, Höhe Reetdachhaus (Nummer 15), »Verkehrsschild« schräg gegenüber | **Zugang** Die Belegstelle selbst ist außerhalb von Führungen nicht zu besichtigen. | **Tipp** Zu unregelmäßigen Zeiten kann die Belegstelle geführt besichtigt werden. Ab etwa einem Monat vor der Veranstaltung werden die Termine an das »Verkehrsschild« geheftet.

9 Bi d'Utkiek

Oder der tragische Tod des weißen Fasans

Wer die lauschige Straße Bi d'Utkiek im Norden des Dorfs besucht, erfreut sich meist am heimeligen Eichenwäldchen, das dort einst mutige Insulanerinnen pflanzten (siehe Ort 21). Manch einer hinterfragt auch den sonderbaren Namen der Straße und begibt sich alsbald auf die Suche nach den Überresten eines Turms (siehe Ort 6). Mit der Straße untrennbar verbunden ist aber auch ein tragisches, heute nahezu vergessenes Ereignis. An der Giebelmauer eines Hauses, vermutlich an der ehemaligen Jugendherberge, zerschellte ein ehemaliger Inselstar: der weiße Fasan. Der zu Beginn der 1990er Jahre jedem Insulaner und auch vielen Gästen bekannte Hühnervogel war ein stolzes, nahezu handzahmes Geschöpf, das die Aufmerksamkeit seiner Bewunderer sichtlich genoss. Als nahezu pigmentlose Mutante war er aber auch ein trauriger Junggeselle – eine Partnerschaft blieb ihm zeitlebens verwehrt. Als am 15. Januar 1995 ein schwerer Nordweststurm über die Insel fegte, geriet der von Kummer, Wind und Wetter gezeichnete Zweibeiner in eine schwere Turbulenz, die sein Dasein abrupt beendete. Glücklicherweise erlitt das Federtier keinen qualvollen Tod. Ein damals herbeigerufenes Expertenteam fand heraus, dass der Publikumsliebling in Sekundenschnelle an einem Genickbruch gestorben war.

Wer heute an der Straße Bi d'Utkiek nach sichtbaren Spuren des weißen Fasans sucht, wird nicht dort, aber an anderer Stelle fündig. Der weiße Sonderling wurde damals ausgestopft und ist bis heute im Inselmuseum zu bestaunen.

Lebende (wenngleich keine weißen) Fasanen lassen sich indes nahezu auf der ganzen Insel in Hülle und Fülle bewundern. Die ursprünglich in Asien beheimateten Vögel wurden um 1920 von gelangweilten Adligen zu Jagdzwecken nach Spiekeroog gebracht und vermehrten sich prächtig. Heute stolzieren mehr als 3.000 der umtriebigen Geschöpfe auf Spiekeroog umher.

Adresse Bi d'Utkiek und Inselmuseum, Noorderloog Nummer 1 | **Tipp** Die ehemalige Jugendherberge ist das heutige Noldehaus (Bi d'Utkiek Nummer 1). Früher war dieses Haus auch ein Kinderheim.

10 Der Blanke Hans

Die urige Spelunke für maritime Nostalgiker

Es war vermutlich um das Jahr 1911, als am heutigen Wüppspoor unweit vom Hafen ein Gebäude errichtet wurde, in dem unzählige Geschichten erlebt oder zumindest erzählt wurden. Ausgesprochen phantasievoll wurden die Erzählungen zu Beginn der 1990er Jahre, als in dem lange Zeit als Logierhaus fungierenden Gebäude eine außergewöhnliche Gaststätte eröffnet wurde.

Benannt wurde die dunkelrot getünchte und mit maritimen Leckerbissen dekorierte Kultkneipe nach der tobenden Nordsee bei schweren Stürmen, dem Blanken Hans. In der urgemütlichen, liebevoll anrüchigen Kneipe trifft man auf Segler, Träumer, Romantiker, Weltverbesserer und Gedankenganoven jeden Alters. Man spielt Karten, flucht beim Knobeln, lacht lauthals oder orakelt über die alten Abenteuer auf See (oder daheim im Ruhrgebiet). Fußballinteressierte können die Bundesliga live verfolgen, wobei grün-weiß dekorierte Fans (Werder Bremen) meist häufiger anzutreffen sind als weiß-blau gewandete (Hamburger SV). Zu den maritimen Appetithäppchen gehört ein gebrochener Mast, der im Tresenraum die Decke ziert. Über seine Herkunft gibt es mindestens zwei Geschichten, die in zahllosen Varianten erzählt werden. Nostalgische Bilder mit Hans Albers, ein beeindruckender Kompass, Schiffsnachbildungen, Kapitänsbüsten, Fischernetze, Karten der schottischen Küste, rätselhafte Souvenirs und fragwürdige Absurditäten lassen sich im Blanken Hans ebenfalls erspähen.

Zum Lokal gehört auch eine gemütliche, punktuell mit Strandkörben ausstaffierte Außenterrasse. Die Speisen sind eher einfach, aber preisgünstig und labend. Vegetarier finden ebenfalls leckere Gerichte. Die Getränkeauswahl ist reichhaltig, insbesondere auf dem alkoholischen Sektor. Neben frisch gezapftem Bier bleibt vor allem in der hochprozentigen Abteilung kein Wunsch unerfüllt. Bei Getränken mit mehr als 50 Prozent Alkohol zitiert die Bedienung zu frisch entzündetem Alkohol richtungsweisende Sprüche.

Adresse Bistro Blanker Hans und Fischrestaurant Janssand, Wüppspoor 2, Tel. 04976/590 | **Öffnungszeiten** Ganzjährig, im Sommer täglich 17–23 (24) Uhr, im Winter bis 22 Uhr, Küchenende meist 21.30 Uhr. Im Sommer gehört der Blanke Hans zu jenen Kneipen, in denen man am längsten eine warme Mahlzeit erhält. Aber aufgepasst: Ein Küchenende von 21.30 Uhr bedeutet auch 21.30 Uhr. Ein 21.31 Uhr kundgetaner Hunger kann nur noch mit Getränken begegnet werden. | **Tipp** Gegenüber der Kultkneipe lädt ein behaglicher und wohlig duftender Ort zum Träumen ein: der Rosengarten.

11 Die Buche, die im Salzwasser stand

Die spektakuläre Rettung eines gefluteten Waldes

In der Nacht vom 16. auf den 17. Februar 1962 brach ein gewaltiger Sturm über Norddeutschland herein. Besonders betroffen war die deutsche Nordseeküste, wo das Tiefdruckgebiet Vincinette eine schwere Sturmflut auslöste. 340 Menschen starben – darunter allein 315 in Hamburg, wo die Flut völlig unterschätzt worden war. Auch auf Spiekeroog hatte die Sturmflut Konsequenzen. Im Westen der Insel wurde die beliebte Givtbude zerstört. Menschen kamen nicht zu Schaden, es ertranken aber viele Tiere.

Teile des Friederikenwaldes standen durch die Sturmflut meterhoch unter Wasser. Den Bäumen des Wäldchens drohte der Salztod. Glücklicherweise konnte das Meerwasser nicht sofort in den Untergrund gelangen, da zur winterlichen Jahreszeit das süße Grundwasser bis nahe der Bodenoberfläche stand. Die Laubbäume befanden sich zudem in Winterruhe. Um den Wald zu retten, hoben Schüler der Hermann Lietz-Schule in den Wald führende Gräben aus, durch die das in der Talsohle verbliebene Meerwasser abfloss. Neue Niederschläge verdünnten die Reste des Meerwassers, und als im Mai die Bäume, unter ihnen die damals einzige Rotbuche der Insel, austrieben, glaubte ein jeder an den Erfolg der Aktion.

Als sich jedoch Anfang Juni bei steigenden Temperaturen durch den Wasserverbrauch der Bäume auch der Salzgehalt des Bodenwassers erhöhte, begannen die Blätter der Bäume zu welken; zunächst bei der Buche, die schließlich völlig verdorrte. Daraufhin wurde von der Spiekerooger Feuerwehr und dem Bauamt für Küstenschutz Grundwasser ins Wäldchen gepumpt und so die Bäume bis Mitte September unter Süßwasser gesetzt. Dieses Mal mit anhaltendem Erfolg: Sogar die Buche trieb im gleichen Spätsommer aus. Sie erfreut sich noch heute ihres Lebens und ist die mit Abstand älteste, größte und prächtigste Buche der Insel.

Adresse nahe Hellerpad | **Zugang** Hellerpad Richtung Hermann Lietz-Schule, direkt hinter dem Dorf den ersten Weg links (Bank an der Baumgruppe) und hinter dem Dünenkamm auf dem nach rechts führenden Pfad in den Wald; der Baum steht auf der Höhe der ersten (morschen) Bank 10 Meter weiter rechts im Wald | **Tipp** Im jungen Birkenwald hinter dem Dünenkamm kann man in der Dämmerung häufig Rehe beobachten.

12 Das Capitänshaus

Einsturz, Feuersbrunst und Namensfehde

Wer das ehrwürdige Capitänshaus am Noorderloog betritt, möchte in der Regel Fisch verzehren. Nicht irgendeinen Fisch, sondern ein köstliches Fischgericht. Und dafür ist das Capitänshaus bekannt. Man zählt es zu den besten Restaurants der Insel.

Neben vorzüglichen Speisen hat das Restaurant aber auch eine dramatische Vergangenheit zu bieten – so dramatisch, dass so manch geneigtem Fischgenießer die Gräten seines Flossenträgers im Halse stecken bleiben.

Der heute zu bestaunende Ziegelbau wurde vermutlich um 1865 errichtet. Zu den ersten Besitzern des alten Hauses gehörte im Jahr 1750 der Schiffer Mense Melchers. Knapp 50 Jahre später geschah das erste Drama: Das Haus stürzte vollständig ein, wurde aber wieder aufgebaut. Nach mehreren Besitzerwechseln kaufte kurz nach 1900 Bertus Kleihauer das damals als »Inselhaus Nummer 5« bekannte Gebäude. Kleihauer war über 50 Jahre lang Kapitän auf den Spiekerooger Fährschiffen und für den Personen- und Frachtverkehr zwischen Neuharlingersiel und Spiekeroog verantwortlich. In den 1960er Jahren führte das Ehepaar Speckenwirth das Traditionshaus als Gaststätte. Späterer Besitzer war Familie Hinze, die das Lokal als »Loogschänke« bis 1994 führte. 1995 eröffnete die Neue Zeiten GmbH das Capitänshaus. Dieser Name war durchaus umstritten und führte zu kontroversen Diskussionen. So hielt der Heimatforscher Meyer-Deepen die Bezeichnung für unangebracht, da »Kleihauer zu keiner Zeit als Mitglied einer Schiffsbesatzung außerhalb des Bereichs Spiekeroog zur See gefahren war«.

Im August 2005 kam es dann zum zweiten großen Drama: 90 Minuten nach Mitternacht griff im Restaurant ein Feuer um sich. Obschon durch das rasche Eingreifen von 24 Feuerwehrleuten eine großflächige Zerstörung des Gebäudes verhindert und niemand verletzt wurde, erlitt das Traditionshaus einen wirtschaftlichen Totalschaden.

Adresse Noorderloog 11, Tel. 04976/990016, www.capitaenshaus-spiekeroog.de |
Öffnungszeiten ganzjährig, im Sommer täglich 11.30 – 21 Uhr, im Winter täglich
11.30 – 14 und 17.30 – 21 Uhr | **Tipp** Eine Augenweide im Kapitänsraum sind
die Bilder von drei Kapitänen, die ein Wilhelmshavener Künstler erschuf (Foto).

13 — Die CreativWerkstatt

In Gemeinschaft Schönes erschaffen

Wer auf Spiekeroog kreativ sein möchte, hat viele Möglichkeiten. Ein besonders schöner Ort, um die eigene Kreativität zu erleben oder wiederzuentdecken, ist die CreativWerkstatt von Coni Wiethorn. Dort kann man seinen Ideen in einer Muschelwerkstatt, beim Nadelfilzen oder Nähen Ausdruck und Gestalt verleihen.

Ketten, Traumfänger, Bilder und viele andere Dinge lassen sich in der Muschelwerkstatt kreieren. Selbst gesammelte Muscheln und anderes Strandgut können dazu gern mitgebracht werden.

Auch beim Nadelfilzen gibt es keine Grenzen: Blüten, Broschen, Döschen, Schlüsselanhänger, Glücksbringer, Haarspangen, nahezu alles lässt sich erzaubern. Jeder Teilnehmer kann fertigen, was seinen Ideen entspringt, und das Erschaffene mit nach Hause tragen.

Besonders bunt ist die Welt der Kursteilnehmer im »NähCafé«. Dort können selbst Anfänger der Welt des Nähens begegnen: Kleinere Materialzuschnitte, erste Nähexperimente machen und die Handhabung einer Nähmaschine lassen sich erlernen. In das »NähCafé« kommen aber auch jene Nähbegeisterten, die schon lange selbst nähen. Sie genießen in der Werkstatt vor allem die Zeit mit sich allein oder das Erlebnis, in Gemeinschaft kreativ zu sein. Viele Kursteilnehmer lieben die gesellige Atmosphäre – bei Kaffee, Tee und Keksen findet ein lebendiger Ideenaustausch statt.

Seit 2011, zunächst noch im Kinderspielhaus Trockendock, und seit 2014 in den eigenen Räumlichkeiten der CreativWerkstatt, teilt Coni Wiethorn ihr künstlerisches Wissen und ihre Liebe zur Kunst und zum kreativen Basteln mit einer wachsenden Zahl begeisterter Kursteilnehmer.

Die gebürtige Ulmerin, die in Freiburg Pädagogik studierte und seit über 30 Jahren auf Spiekeroog lebt, möchte ihr Angebot in den nächsten Jahren sogar noch erweitern. Dann wird es in den Räumen am Gartenweg auch eine Seifen- und Schmuckwerkstatt geben.

Adresse Coni Wiethorn, Gartenweg 1, Tel. 0174/3389773 | **Öffnungszeiten** Kurse Muschelwerkstatt: Erwachsene und Kinder ab 5 Jahre, 90 Minuten, 10 Euro; Nadelfilzen: Erwachsene und Kinder ab 8 Jahre, 90 Minuten, 10 Euro; NähCafé: Erwachsene und Jugendliche ab 14 Jahre, 3,5 Stunden, 25 Euro; alle Preise zzgl. Materialkosten – Termine im Infokasten vor dem Haus, Anmeldelisten am Hauseingang | **Tipp** Das kreative Leben in der Werkstatt spiegelt sich auch im Mobiliar wider: So besteht zum Beispiel die schmucke Garderobe im großen Werkraum aus alten Stegbrettern vom lokalen Segelverein.

14__Die Dalbensprosse

Das Trio der ausgedienten Pfähle

Sie bringen so manchen zum Staunen, die drei übermenschgroßen Basralocusholz-Skulpturen, die den Weg vom Hafen in den Ort säumen. Erschaffen wurden sie im Oktober 2011 von Bernd Finkenwirth, einem Bildhauer aus dem brandenburgischen Dorf Bleyen.

»Im Holz der ausgedienten Dalben ist Schönheit, ist jenes Wunder des Lebendigen enthalten, das hinter allem Ende still und beharrlich neuen Anfang schafft.« So ist es auf einer Inschrift vor den als Dalbenspross I, II und III bezeichneten Skulpturen zu lesen.

Von alters her werden Holzpfähle am Meer- oder Seeufer in den Grund gerammt, damit Schiffe und Boote an ihnen festmachen können. Da es im Wasser nicht schnell fault, ist das beständige Hartholz des Basralocusbaums dafür besonders geeignet. Irgendwann verwittert jedoch auch dieses Holz, und ausgediente Pfähle (Dalben) werden durch neue ersetzt. Diesen Ablauf durchbrach Bernd Finkenwirth, indem er aus drei alten Pfählen Kunstwerke fertigte, um so »die Dalben mit der Würde, die sie (als Baum einst) hatten, als Funktionsträger neu zu beleben«.

Um das ursprüngliche Aussehen der Dalben zu zeigen, wurde eine von ihnen weitgehend unbearbeitet mit »klobigem, narbigem Kopf« und nach Abrunden des Rumpfes in die Erde eingelassen. Der Kopf der zweiten Skulptur wurde mit organischen Formen belebt. Sie erinnern daran, was der Pfahl einst war – »ein kleiner, verletzlicher, brüchiger Keim«. Die dritte Skulptur wurde ebenfalls individuell gestaltet.

Finkenwirth, 1958 in Berlin geboren, studierte Malerei und Restaurierung an der Kunsthochschule Dresden, durfte aber in der ehemaligen DDR seinen Beruf nicht aktiv ausüben. Erst nach der Wende konnte er sich als Holzbildhauer sowie mit Zeichnungen und Ölmalereien, für die er selbst gefertigte Leinwände und Farben verwendet, frei entfalten. Auf Spiekeroog stellte er seine Werke früher auch im Künstlerhaus aus.

Adresse Wüppspoor, nahe Hafen | **Tipp** Bernd Finkenwirth bietet im Juni und September für alle Interessierten Bildhauerkurse in der alten Strandkorbhalle (unterhalb des Höhenwegs nahe der Strandhalle) an. Weitere Infos unter Tel. 033479/4380, per E-Mail unter art@bernd-finkenwirth.de und unter www.bernd-finkenwirth.de.

15 Der Damenpad

Striktes Herrenverbot zur Badezeit

Am westlichen Dorfrand Spiekeroogs gibt es einen eher spärlich begangenen, historisch jedoch sehr bedeutsamen Weg. Die reizvolle Strecke startet am Westend unweit des gelben Hauses und führt auf einen Dünenkamm, von dem man eine wundervolle Aussicht auf das Meer genießen kann. Von dort zieht der Weg in einer Rechtskurve hinab zum Strand.

Anders als heute war der Damenpad einst sehr belebt. Bis in das letzte Jahrhundert hinein war er der Hauptweg zum Damenbadestrand, der sich 100 Meter westlich des heutigen Damenpads befand. Damenpad und Damenbadestrand durften bis 1911 nur von Frauen, Mädchen und Jungen bis zu elf Jahren betreten werden.

Beide Geschlechter reisten zu jener Zeit gemeinsam vom Dorf zum Baden an und nutzten dabei ab 1885 auch die neue Pferdebahn. Während die Frauen am Damenpad ausstiegen, fuhren die Männer weiter Richtung Westen bis zur früheren Givtbude, einem Restaurant nahe dem heutigen Café Laramie. Von dort ging es zu Fuß zum Herrenbadestrand. Zwischen beiden Badeorten lag eine 500 Meter breite Pufferzone (siehe Ort 63), die für beide Geschlechter tabu war. Nach dem Baden verabredeten sich Frauen und Männer in der Givtbude.

Um Frauen und Männern eine angenehme Badezeit zu ermöglichen, wurden an den Stränden Badewärterinnen (und wenige Wärter) eingestellt. Diese nahmen die Badebilletts entgegen, denn das Baden war kostenpflichtig, sie trugen, reinigten und trockneten die Gästebadetücher, beantworteten Fragen und schützten die Badenden vor ungebetenen Besuchern. Um beim Umkleiden die Intimsphäre vor Blicken zu schützen, wurden hölzerne Badekutschen, oft ausrangierte Exemplare von der Insel Norderney, zu den Stränden gebracht. 1949 gab es am Herrenbadestrand vier, am Damenbadestrand sechs Badekutschen. Seit Gründung des ersten Familienbadestrandes am Westend im Jahr 1912 dürfen auch Herren auf dem Damenpad flanieren.

Adresse Damenpad, westlich des Dorfs | **Tipp** Die Aussichtsbank auf dem Dünenkamm am Damenpad ist der perfekte Ort, um den Blick über das Meer schweifen zu lassen und unvergesslich schöne Sonnenuntergänge zu bestaunen.

16 Der Drei-Leuchtfeuer-Ort

Grüße aus Wangerooge, Helgoland und Norderney

»Mit der Dämmerung beginnt das große Spiel der Leuchtfeuer; Rote Sand und Außen-Jade leuchten auf, und wie mit riesiger Geisterhand weist der Helgoländer Leuchtturm der Schiffahrt den Weg.« Diese begeisternden Worte aus einem alten Spiekerooger Prospekt (1933) kann man auf der Insel auch heute noch nachempfinden. Zwar haben Leuchtfeuer in den letzten Jahrzehnten wegen digitaler Navigationshilfen an Bedeutung verloren. Der im Prospekt zitierte Leuchtturm »Roter Sand« ist seit Langem außer Dienst und inzwischen ein (unbeleuchtetes) Tagessichtzeichen. Die Position des Feuerschiffs »Außen-Jade« wurde ebenfalls bereits vor vielen Jahren aufgehoben. Liebhaber von Leuchtfeuern kommen auf Spiekeroog dennoch auf ihre Kosten – und das, obwohl auf der Insel kein einziger »echter« Leuchtturm existiert.

Um die Spannung nicht noch weiter zu steigern: Nahe dem Jugendhof gibt es einen Platz, an dem man bei geeigneter Witterung ein Leuchtfeuer aus drei Richtungen wahrnehmen kann! Schaut man vom höchsten Punkt des »Holzstegwegs« nach Osten (über den Dünenkamm nach rechts), sieht man das Leuchtfeuer von Wangerooge. Der alle fünf Sekunden aufflammende rote Blitz stammt vom neuen Leuchtturm und seinem Leuchtfeuer in 64 Meter Höhe. In Richtung Norden (Blick geradeaus beziehungsweise leicht rechts auf das Meer hinaus) erstrahlt hingegen das Leuchtfeuer von Helgoland: ein weißlich matter, sich alle fünf Sekunden wiederholender Blitz am Horizont. Der 1952 als Ersatz für den im Zweiten Weltkrieg erbauten und zerstörten Flakturm errichtete Turm besitzt das stärkste Leuchtfeuer auf deutschen Leuchttürmen und ist daher trotz seiner großen Entfernung zu Spiekeroog (28 Seemeilen beziehungsweise 45 Kilometer) sichtbar. In Richtung Westen (Blick entlang des Dünenkamms nach links) schließlich kann man das Leuchtfeuer von Norderney bestaunen: eine Gruppe von drei weißen Blitzen, die alle neun Sekunden aufleuchten.

Adresse nördlich des Dorfs, nahe Evangelischer Jugendhof (Noorderpad 31) | **Zugang** über den Noorderpad, am Jugendhof vorbei, hinter dem Toilettenhaus den ersten Weg links (am Wegrand Warnhinweis: Betreten der Sandbank verboten!), diesen Weg noch etwa 100 Meter weiter gehen | **Tipp** Hintergründige Erklärungen zu den nächtlichen Lichtern auf See erhält man auf den abenteuerlichen Nachtwanderungen des Nationalpark-Wattführers Carsten Heithecker (www.watt-erleben.de). Leuchttürme gibt es auf Spiekeroog wie Sand am Meer, allerdings nur im Miniaturformat: Sie zieren in großer Zahl die Vorgärten oder dienen als originelle Geldsammelbüchse.

17 Der Dünendurchgang am Laramie

Innige Wünsche und endlose Weiten

Gegenüber dem Old Laramie bilden die schützenden Dünen eine Lücke, die Groß und Klein mit einem wundersamen Bann belegt. Egal, ob starke Westwinde oder schmächtige Brisen, erfahrene Kitesurfer oder abenteuerfreudige Yoginis, hoffnungsvolle Romantiker oder kopflose Liebende, Profi-Magier oder aufstrebende Junghexen – sie alle lassen sich beim Durchtritt durch die Dünen von der herrlichen Aussicht auf den Sandstrand und der Schönheit der dem schneeweißen Strand vorgelagerten Sandbank verzaubern.

Zum Zauber des Ortes trägt auch eine Geschichte bei, von der so manche sagen, dass sie alles andere als nur eine Erzählung sei. Sie berichtet davon, dass sich in den Dünen am Laramie Feen, Wassergeister und andere Wesen tummeln. Wer sich in den »Feendünen« nicht nur zum Sonnen und Träumen niederlässt, sondern auch einen Herzenswunsch in den Sand malt, dem soll sich dieser Wunsch alsbald erfüllen. Da die an dieser Stelle jedoch in großer Zahl herumschwirrenden Feen mitunter ein wenig übereifrig sind, kann es passieren, dass Wünsche und Realität in den Dünen verwischen. Die gemalten Wünsche erfüllen sich dann sofort – in der Phantasie des Wünschenden. So erzählen einige Feen-Freunde, dass sie beim Besuch in den Dünen das Gefühl hatten, ein Gebirge zu durchstreifen, nachdem sie zuvor eine Bergkette in den Sand gemalt hatten. Andere berichten begeistert davon, dass sie in den »Feendünen« bis in die Wolken (mitunter sogar bis auf Wolke sieben) geflogen wären. Sie hatten zuvor Vögel oder Herzen gemalt.

Vermutlich hat jemand diese Geschichte erfunden. Vielleicht gibt es in der magischen Welt am Laramie aber auch tatsächlich Kräfte, die innige Wünsche zu erfüllen vermögen oder die die Phantasie der Menschen beflügeln – wenn man an sich und an seine eigenen Fähigkeiten glaubt.

Adresse schräg gegenüber Old Laramie, Westend 5 | **Tipp** In den »Feendünen« lassen sich viele Nachtkerzen bestaunen. Ihre gelben Blüten zeigt die Pflanze vor allem in den Abendstunden. Wenige Meter weiter, in den Kamschatkarosen am Sturmeck, brütet im Frühjahr ein bezaubernd schöner Vogel. Es ist der Bluthänfling, ein spatzengroßer Vogel mit tiefroter Brust (Männchen).

18 Das Dünensingen mit Eckart Strate

Wenn die Stimmen die Wolken grüßen

Ein unvergessliches Erlebnis auf Spiekeroog ist das Dünensingen. Wenn das Meer der Stimmen aus dem windgeschützten Dünental unterhalb der Strandhalle wie in Wellen durch die Luft den hoch oben ziehenden Wolken entgegenfliegt, fühlt man sich wie auf Watte getragen, berührt und glücklich.

Sie sitzen alle in den Dünen: Menschen jeden Alters, in Shorts oder fein zurechtgemacht, manche auf Plastiktüten, mit Picknickkörben und Kindern auf dem Schoß. Unten im Halbrund steht er, der braun gebrannte Mann mit Gitarre, in kurzen Hosen und mit charismatischer Stimme. Seit mehr als 50 Jahren ist Eckart Strate der Dünensänger von Spiekeroog. 1965 stand er dort zum ersten Mal, als Student, sang ein Potpourri aus Bekanntem und Besonderem, und verführte seine Zuhörer zum Mitsingen. Das war so erfolgreich, dass er von der Kurverwaltung dafür vier D-Mark bekam und eine Übernachtungserlaubnis in der Strandkorbhalle. Jahr um Jahr kam er wieder, auch als er schon lange Lehrer für Sport und Französisch an einem Bremer Gymnasium war. Meist nutzte er die Sommerferien, um auf Spiekeroog zu singen.

Eckart Strate beschert den Menschen nicht nur ein Gemeinschaftserlebnis, sondern stärkt auch das musikalische Talent seiner Sängerinnen und Sänger – er ermutigt die Menschen, sich selbst zu überraschen. Mit Humor und Enthusiasmus lässt Strate vielstimmige Kanons einüben und Frauen und Männer, Altersgruppen und Bundesländer gegeneinander singen (erste Stimme: Nordrhein-Westfalen, zweite Stimme: Niedersachsen und Bayern, dritte Stimme: der Rest).

Zu den größten Dünenhits gehören neben »Kleines Boot«, dem traditionellen Eröffnungslied, auch »Herz, mein Herz«, »Moorhexe« und natürlich »Rosalinde« – jenes Lied, das er einst mit seinem Sohn Johannes, dem Sänger der Band Revolverheld, komponierte.

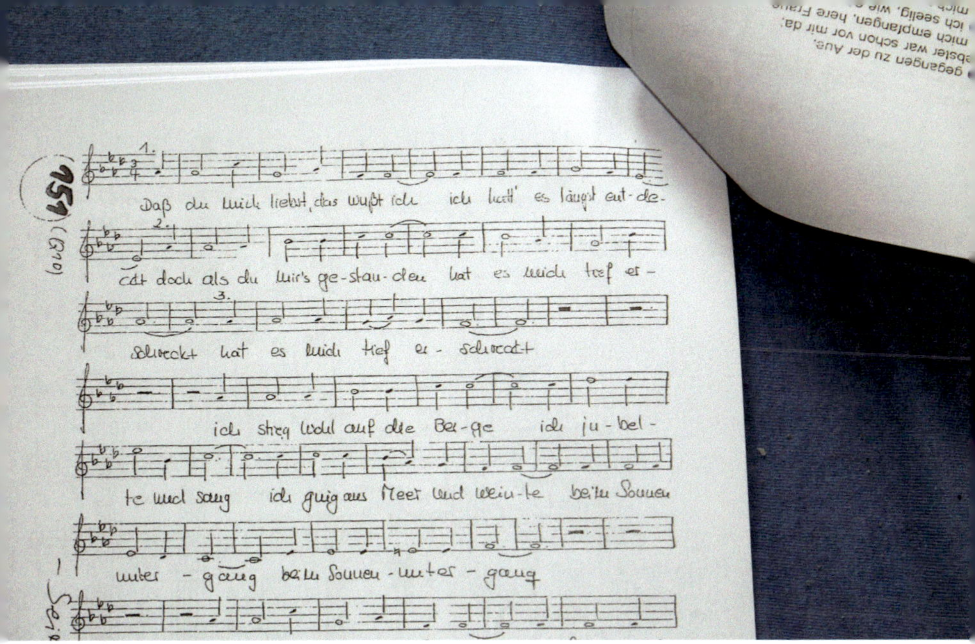

Adresse Dünental an der Strandhalle | **Zugang** Über den Slurpad Richtung Strand, vor der Strandhalle führen linker Hand mehrere Gehspuren ins Dünental. Der Weg ist nicht zu verfehlen, da man stets anderen Singbegeisterten folgt! | **Termine** Das Dünensingen findet zu Pfingsten und im Sommer statt und ist kostenlos. Ein Geheimtipp ist der Singworkshop zu Advent. Termine unter www.eckart-strate.de. | **Tipp** Es lohnt sich, vor dem Singen Strates Musikheft »50 Jahre Dünensingen auf Spiekeroog« zu erwerben – eine tolle und erschwingliche Übersicht mit bekannten und weniger bekannten Liedern, inklusive Noten.

19__Der Dünenweg an der Dünenklinik

Malerische Impressionen am alten Schloßmacherheim

»Als Kind war ich in einem Kinderheim, das weit draußen in den Dünen lag.« Diesen Satz und ähnliche Worte hört man auch heute noch, wenn alte Menschen von dem nach seinem Gründer Pastor Schloßmacher benannten alten Schloßmacherheim am Tranpad erzählen. Die Geschichte der Einrichtung begann in den frühen 1930er Jahren mit Holzschuppen und Zelten, die nach dem Zweiten Weltkrieg durch massive Häuser ersetzt wurden. Mitte der 1990er Jahre wurde die entstandene Siedlung zur heutigen Mutter-Kind-Klinik (Dünenklinik) umgebaut.

Nahe der Klinik startet ein bezaubernder Pfad in Richtung Meer. Der zunächst mit roten Steinen gepflasterte Weg ist kaum zu verfehlen – »Privatweg – Dünenklinik«, so wird der über zwei Dünenkämme führende Pfad auf einem Schild vorgestellt.

Bevor der Weg den ersten Dünenkamm erreicht, führt er durch ein Miniaturwäldchen mit drei schattenspendenden Eichen. Der mittlere und älteste der drei linksseitig stehenden Bäume ist ein echter Blickfang, da er sich mit vielerlei Ästen in alle Himmelsrichtungen verzweigt. Oben angekommen, erwartet den Besucher ein mit einem Geländer eingefasstes Aussichtsrondell mit einer Bank. Von dem Rondell auf der mit Kartoffelrosen bewachsenen Aussichtsdüne hat man eine herrliche Sicht auf die Bake, den zweiten Dünenkamm und das Meer.

Der weitere Weg zieht – mit Sand bedeckt und von Rosen umrankt – ein paar Meter hinab und dann zum »Gipfel« der zweiten Dünenkette hinauf. Dieser Wegabschnitt ist fast vollständig von Sanddorn umsäumt. Sanddornbeeren haben den höchsten Vitamin-C-Gehalt aller heimischen Früchte und sind auf Spiekeroog auch als Likör sehr beliebt. Am höchsten Punkt angekommen, weitet sich der Blick bis zur Nordsee. Spätestens dort beginnen Kinderbeine zu rennen. Bis zum Strand ist es aber durchaus noch ein gutes Stück Weg.

Adresse Evangelische Mutter-Kind-Klinik, Tranpad 16 | **Tipp** Rund um die Dünenklinik lassen sich noch viele andere schöne Wege entdecken. Profis können an einem Holunderstrauch an der Dünenklinik das Glänzende Goldhaarmoos aufspüren; es war in Nordwestdeutschland circa 100 Jahre verschollen und wurde kürzlich wiederentdeckt.

20 Edgar Schonarts Welten

Ein ganz besonderer Vogelfreund

Jeder, der auf Spiekeroog weilt, wird ihm irgendwann begegnen: einem braun gebrannten Mann mit offenen, interessierten Augen, der fernglasbehangen und sommertags barfuß und in kurzer Hose über die Insel stapft.

Es ist Edgar Schonart, ein 1941 in Halberstadt geborener Ornithologe, der seiner Berufung mit ganzer Leidenschaft folgt. Seit 2006 erfreut er mit seiner Präsenz und Liebe zu den Vögeln die Herzen der Spiekerooger Gäste und Insulaner. Bis zum Redaktionsschluss dieses Buches hatte er die Insel nur einmal für mehrere (drei) Nächte verlassen – die abgashaltige Luft Kölns hat Schonart bis heute nicht vergessen.

Wer Edgar Schonart treffen möchte, sollte die Ostplate oder das Watt aufsuchen. Im Watt fühlt sich Edgar Schonart zu Hause. Wer seine Begeisterung für die Vogelwelt erleben will, sollte im Haus Wittbülten seinen leidenschaftlichen Vorträgen lauschen.

Schonart ist auch ein passionierter Fotograf und Autor: Seine langjährigen Serien im Spiekerooger Inselboten über die Welt der Vögel, die er mit viel Wortwitz und durchaus kritisch verfasst – Schonart wünscht sich vor allem, dass der Naturschutz auf der Insel ernster genommen wird –, machten ihn ebenso bekannt wie seine Postkarten und Inselkalender.

Schonarts ornithologisches Interesse erwachte im August 1955, als er in einem Bergsenkungsgebiet bei Hamm Fischadler und Brandgänse bewunderte. Nach Mitarbeit auf der Vogelwarte Helgoland (1973 – 1979) zog es ihn schließlich nach Tübingen, wo er 23 Jahre lang als »bunter Hund« und mit vielen Ehrenämtern lebte. Sein inniger Wunsch, auf einer Insel zu leben, erfüllte sich letztlich mit Hilfe der Klassenlehrerin seines Sohnes: Diese war mit einem Hamburger befreundet, der auf Spiekeroog eine Pension besaß, für die er einen Verwalter suchte. Schonarts Leben auf der kleinen Trauminsel hatte begonnen.

Adresse das Watt, vor allem südlich vom Hellerpad | **Tipp** Edgar Schonarts faszinierende
Vorträge über Spiekeroogs Vogelwelt finden im Sommerhalbjahr jeden Mittwochnachmittag
im Nationalpark-Haus Wittbülten statt. Sein 2016 erschienenes Buch über die Brutvögel
der Insel Spiekeroog garantiert unvergesslichen Lesegenuss, Lachfalten inklusive.

21 Das Eichenwäldchen

Als drei mutige Frauen den Flugsand besiegten

Im Norden des Dorfs lässt sich entlang der Straße Bi d'Utkiek ein heimeliges Wäldchen entdecken. Den schmalen Wald am Dünenrand durchzieht der Länge nach ein idyllischer Pfad. Wer den Wald im Frühling erkundet, ist oft überrascht, zu welch unterschiedlichen Zeiten jeder Baum sein erstes Grün in Richtung der wärmenden Sonne streckt. In der Hitze des Sommers kann man im schützenden Schatten der leise rauschenden Bäume und in Gesellschaft der friedlich summend in der Luft stehenden Schwebfliegen stundenlang auf den bereitgestellten Bänken verweilen.

Der Ursprung des heutigen Wäldchens, in dem vor allem Eichen, aber auch Buchen, Kastanien, Ebereschen und andere Gehölze gedeihen, ist das Jahr 1879. In jenem Jahr pflanzten die Insulanerinnen Hiemke Remmers, Anna C. Struck und Tätje Janssen am Fuße der Dünen Hecken und Bäume, um die Heuwiesen ihrer Familien entlang der heutigen Straße Bi d'Utkiek gegen den Flugsand zu schützen. Zuvor hatten heftige Nordweststürme, die während des Winterhalbjahres über die weitgehend vegetationslosen Dünen wehten, immer wieder die Wiesen am nördlichen Dorfrand versanden lassen und den Graswuchs beeinträchtigt. Die dadurch ausbleibenden Heuernten erschwerten die Viehversorgung im Winter erheblich. Das entstandene Wäldchen vermochte auch die Obst- und Gemüsegärten der Insulanerinnen gegen den Flugsand zu schützen. Noch heute erinnert ein auf einem Baumstumpf im Wald angebrachtes Metallplättchen an die drei mutigen Frauen, die sich dem Flugsand entgegenstemmten.

Bis zum Bau der neuen Inselkirche im Jahr 1961 fanden im Eichenwäldchen im Sommer auch Gottesdienste unter freiem Himmel statt, weshalb der Wald den Namen Kirchenwäldchen trägt. Der Inselpastor predigte an einem Pult unter den Bäumen zu der rundum lagernden Gemeinde, und es wurden Lieder zur Laute oder unter Mitwirken des Posaunenchors gesungen.

Adresse bei Bi d'Utkiek | **Tipp** Ab und an finden auch heute noch Gottesdienste im Eichenwäldchen statt. Bitte Aushänge beachten!

22 Der Eierschießerplatz

Fliegende Eier und andere Kindheitserinnerungen

Es gab eine Zeit, da zogen mehrmals im Jahr Hunderte fröhlicher Insulaner, mitunter begleitet von den Klängen des Spiekerooger Musikvereins, auf dem Friederikenweg in Richtung Osten. Ziel der freudig feiernden Menschen war der hinter dem Wäldchen liegende Eierschießerplatz (ostfriesisch Eierscheeterplatz). Auf diesem alten Festplatz fanden früher zahlreiche Wettkämpfe und Spiele von Kinder- und Jugendgruppen statt.

Der viele Festländer kurios anmutende Name geht auf eine alte ostfriesische Tradition, das zu Ostern stattfindende Eierschießen, zurück. Vor allem am Ostersonntag zog es die Insulaner auf den Eierschießerplatz, um dort hart gekochte Hühnereier, mit Zwiebeln eingefärbt, so weit als möglich zu werfen. Oft bildeten sich auch kleinere Grüppchen, die aus dem Weitwerfen einen Ostereierweitwurf-Wettbewerb machten. Die sandigen Eier waren nicht mehr genießbar, worauf aber auch kein besonderer Wert gelegt wurde. Tradition, Kommunikation, Freude und das gemeinschaftliche Erleben standen im Mittelpunkt.

In den 1970er Jahren wurden die Festivitäten auf dem Eierschießerplatz eingestellt. Durch den zunehmenden Tourismus hatten auch immer mehr Gäste den Platz betreten. Das leicht hügelige Terrain, das zuvor von einem dichten Pflanzenpolster bedeckt war, begann zu versanden. Man entschied sich, das Gebiet der Natur zurückzugeben. 1977 ließ der damalige Bürgermeister Ulli Bauer das Gebiet umzäunen.

Heute ist der Eierschießerplatz wieder vollständig von Gräsern, Moosen und Flechten bewachsen. Auch Eichen und Kiefern breiten sich zunehmend aus. Die Einzäunung wurde 2014 aufgehoben, das Gebiet darf aber bis auf Weiteres nicht betreten werden. Einen weitschweifenden Blick über den durch seine unspektakuläre Schönheit und Abgeschiedenheit beeindruckenden Platz und eine gedankliche Zeitreise in seine bunte Geschichte sollte man sich nicht entgehen lassen.

Adresse östlich des Dorfs, am Friederikenwäldchen | **Zugang** zum Beispiel über den Friederikenweg: immer geradeaus, in das Wäldchen hinein und wieder heraus; die daraufhin geradeaus liegende (westliche) Fläche ist der Eierschießerplatz | **Tipp** Rechter Hand am Eierschießerplatz führt ein schöner Weg direkt zur Kohhukdüne.

23 Der eingerückte Altar in Sankt Peter

Die polygonale Dünenpyramide

Die römisch-katholische Kirche Sankt Peter ist die jüngste der drei Spiekerooger Kirchen und gleichzeitig auch die jüngste aller katholischen Kirchen auf den ostfriesischen Inseln. Die 1970 errichtete Kirche ist in vielerlei Hinsicht ein besonderes Gotteshaus. Da ist zum einen die Architektur ihres Kupferplattendachs, das einer polygonalen Pyramide oder einem Zelt ähnelt, wobei die Spitze aus dem Mittelpunkt der Grundfläche gerückt ist. Das Dach reicht bis zum Boden und ist von drei schmalen, vertikal verlaufenden Fensterbahnen (Lichtbändern) durchzogen.

Manche sagen, dass das auf einem Dünenkamm errichtete Gotteshaus seine Bauform erhielt, um Urlaubern (auf Spiekeroog leben nur wenige Katholiken) ein »spirituelles Seezeichen« zu setzen. So kann die Kirche als eine Art Seeboje verstanden werden, die beim Navigieren in schwerer See Orientierung gibt (Zitat: Kirchenbote Osnabrück). Andere wiederum betonen die Form des Zeltes: Als Ort von Gotteserscheinungen und -begegnungen ist das Zelt bereits im Alten Testament bedeutsam.

Die Besonderheiten der Architektur setzen sich im Inneren der Kirche fort: Vor dem bronzenen Tabernakel ist der Altar in den Kirchenraum eingerückt und nicht durch Stufen von der übrigen Gemeinde getrennt. Die Menschen sitzen auf Holzstühlen – 240 Klappstühle mit gehäkelten Sitzkissen – in einem Halbrund zusammen, der Altar (»Jesus Christus«) ist ein Teil (bildet den Rest) des Kreises. Andreas Flug, der bis Ende 2016 evangelischer Pastor auf Spiekeroog war, mochte diese Anordnung sehr. Er betonte oft, dass für ihn die Gemeinde »Teil des Geschehens« sei, und zitierte in diesem Zusammenhang gern das berühmte Konzept des Theologen und Widerstandskämpfers Dietrich Bonhoeffer (»Christus als Gemeinde existierend«). Über dem Altar befindet sich auch der höchste Punkt der Kirche.

Adresse Sankt Peter, Up de Höcht 7 | **Zugang** von der Kogge links bis zur T-Kreuzung (CreativWerkstatt), dort rechts (Gartenweg), rechts abbiegen in Up de Höcht, die Kirche liegt linker Hand | **Öffnungszeiten** April–Okt. täglich 9–20 Uhr, Nov.–März täglich 10–16 Uhr | **Tipp** Die Lichtbänder werfen bei Sonnenschein faszinierende Licht- und Schattenspiele auf den Kirchenboden.

24 Die Essensglocke

Kraftvolle Klänge am Haus Quellerdünen

Am Haus Quellerdünen lassen sich viele Besonderheiten aufspüren (siehe Ort 4). Eine von ihnen verbirgt sich in einem grün getünchten, an seiner Spitze rot gekachelten Türmchen, das auf dem Platz hinter dem Haupteingang steht. Öffnet man das Türmchen-Tor (für diese Aktion sollte man aber vorher um Erlaubnis bitten), schaut einem ein alter Gegenstand mit kraftvoll tönenden Eigenschaften entgegen: die Essensglocke. Dreimal am Tag ruft sie am Haus Quellerdünen zur Mahlzeit.

Bevor sich die Glocke am Haus Quellerdünen auf ihre heutige Aufgabe konzentrierte, musste sie lange Reisen und Abenteuer auf dem Festland überstehen. Auf einem Schiff ertönte ihr prächtiger Glockenklang hingegen nie.

Wie Quittungen und Daten aus dem Deutschen Glockenarchiv zeigen, wurde die Essensglocke 1920 gegossen und ist 38 Kilogramm leicht. Ihr erstes Zuhause war eine evangelische Kirche im einstigen Kreis Teschen in Sudetenschlesien (tschechisch-polnische Grenze). Als das nationalsozialistische Regime Rohstoffe für die Rüstungsindustrie benötigte, wurde die Essensglocke zusammen mit 100.000 anderen Glocken eingesammelt und in Lagerstätten untergebracht. Gegen Kriegsende existierten nur noch 16.000 Glocken. Die meisten jener Glocken, so auch die Essensglocke, befanden sich im Glockenfriedhof Hamburg. Die für den Friedhof zuständige britische Besatzungsmacht verfügte, die Glocken an ihre Ursprungsorte zurückzubringen. Ausgenommen von der Rückführung waren jene 1.200 zunächst übrig bleibende Exemplare, die einst in Polen und der früheren Sowjetunion geläutet hatten. Über Umwege gelangte die Essensglocke zu einer Lagerstätte in Emden und am 21. Januar 1952 zum Quellerdünenheim, wo sie zunächst neben der Haupteingangstür aufgestellt wurde. Da die Glocke ein begehrtes Kinderinstrument war, erhielt sie 1954 einen Glockenturm, der 50 Jahre später erneuert wurde.

Adresse CVJM-Haus Quellerdünen, Tranpad 18, Tel. 04976/228, https://quellerduenen.de |
Zugang zum Beispiel vom Hellerpad Richtung Hermann Lietz-Schule, 250 Meter vor der
Schule links auf den Tranpad abbiegen, dem Weg noch etwa 400 Meter folgen. | **Tipp** In
den Dünen nahe dem Haus Quellerdünen gibt es eine Aussichtsplattform, auf der sich in
alle Richtungen eine wunderschöne Fernsicht eröffnet. Die mehrfach erneuerte Plattform
steht dort seit 1926 und wurde früher als Kaiserstuhl bezeichnet – ein hier angebrachtes
Bild zeigt den Ort um 1930.

25__Der Feigenbaum am Alten Inselhaus

Süße Früchte und Spiekeroogs ältestes Wohnhaus

Feigenbäume haben es in Europas Norden nicht leicht. Die Sonne und Wärme schätzenden, Frost jedoch sehr kritisch gegenüberstehenden Gewächse sind eigentlich im Mittelmeergebiet beheimatet. In wintermilden Gegenden können sie teils auch fernab ihrer Heimat leben. Dies gilt vor allem dann, wenn sie an gut geschützten Stellen gedeihen. Einzelne Exemplare oder kleinere Feigenbaum-Gruppen gibt es beispielsweise auf den dänischen Ostseeinseln und auf Helgoland. Auf den ostfriesischen Inseln sind Feigenbäume hingegen eine echte Rarität.

Allen Wetterkapriolen zum Trotz lässt es sich seit den 1970er Jahren ein inzwischen knorriger, aber ansonsten gut gewachsener Feigenbaum auf Spiekeroog gut gehen. Das als junger Baum gepflanzte, aus Anatolien stammende Gewächs gedeiht geschützt hinter dem Alten Inselhaus, dem nach der Alten Inselkirche ältesten Gebäude der Insel. Es trägt jedes Jahr viele süße Früchte und kann sich inzwischen sogar dreier Sprösslinge auf der Insel rühmen.

Das Alte Inselhaus wurde bereits zwischen 1700 und 1710 erbaut. In dem historischen Gebäude, in dem heute das Inselcafé untergebracht ist, gab es einst drei kleine Wohnräume und einen ins Haus mit einbezogenen Viehstall. Man sagt, dass sich das weit heruntergezogene Dach, das vor Kurzem einer aufwendigen Restaurierung unterzogen wurde, mit wenigen Handgriffen vom übrigen Haus lösen ließ – ein solches (potenzielles) Schwimmdach (siehe Ort 82) sollen um 1700 die meisten Inselhäuser gehabt haben.

Einer der ersten Bewohner des Hauses war der Schiffer Johann Remmer, der auf Spiekeroog über viele Jahre Kirchen- und Armenvorsteher war. Seinen Tiefpunkt erlebte das wunderschöne Haus während des Zweiten Weltkriegs – mit bereits eingeschlagenen Fenstern diente es als Kohlenlager.

Adresse Altes Inselhaus, Süderloog 4, Tel. 04976/473, www.altes-inselhaus.de | **Zugang** Man kann den Feigenbaum zwar auch vor dem Haus erspähen – beste Sicht hat man jedoch von der Terrasse des Cafés. | **Öffnungszeiten** Café 15–17 Uhr, Restaurant 18–21 Uhr, im Winter eingeschränkt geöffnet | **Tipp** Im Inselcafé wird frische Hausmannskost stets gut gelaunt serviert. Abends sollte man einen Tisch reservieren.

26___Die Franzosenschanze

Napoleons Reste in der Ruhezone

Westlich des Hafens erheben sich auf dem Westergroen einige niedrige Dünenkuppen aus den Wiesen. Es handelt sich um kreisförmig angeordnete Reste eines Walls, der als Franzosenschanze oder Batteriedünen bezeichnet wird. Sie gehen auf die Einrichtung einer französischen Garnison im Jahr 1810 zurück und sind das letzte sichtbare Relikt der napoleonischen Besatzungszeit.

Im November 1806 verkündete Napoleon eine Kontinentalsperre, die den Handel zwischen dem Festland und den Britischen Inseln unterbinden sollte. Die Spiekerooger, unter denen viele Schiffer waren, traf diese Maßnahme hart, da durch die Einstellung der Schifffahrt die einzige bedeutende Erwerbsquelle der Insulaner jener Zeit versiegte. Die Bevölkerung verarmte, und viele Insulaner mussten die Insel verlassen.

Als Inselkommandant Fermand nach seiner Ankunft auf Spiekeroog »Kontributionen« von den Insulanern verlangte, konnten sie diese aufgrund ihrer Armut nicht aufbringen und mussten stattdessen das Fort anlegen. Es folgte für die Spiekerooger eine Zeit unter ständiger Kontrolle der Franzosen, die den Schmuggel und heimliche Absprachen der Insulaner mit den Engländern fürchteten, deren Flotte die Nordsee kontrollierte. Das seit 1807 in englischem Besitz befindliche Helgoland war zu jener Zeit ein berüchtigter Umschlagplatz für Schmuggelwaren aus England.

Der Versuch einiger Spiekerooger, das Fort zu stürmen, war erfolglos, da Fermand vorgewarnt wurde. Bei der nächtlichen Aktion, die im Volksmund als »Knüppelkrieg« bekannt ist, wurden die mit Bootshaken und Forken bewaffneten Insulaner in der Schanze von Fermand freundlich begrüßt und auf einen Umtrunk eingeladen. Beim Anblick der Gewehrläufe der Besatzer nahmen die »Knüppelkrieger« Fermands Einladung an und gaben nach durchzechter Nacht die Namen ihrer Anführer preis, die der Kommandant flugs verhaften ließ.

Adresse Franzosenschanze, Westergroen | **Zugang** Die Franzosenschanze liegt in der Ruhezone des Nationalparks und ist nicht zugänglich. Beste Sicht: vom Hafen Richtung Ort (Wüppspoor), dann links auf den Deich. Besonders gut kann man die Schanze nahe dem Deichtor der Museumspferdebahn erkennen. | **Tipp** Bei einer Fahrt mit der Pferdebahn (siehe Ort 101) hat man ebenfalls eine gute Sicht auf die Batteriedünen und erfährt gleichzeitig allerhand Wissenswertes und Unterhaltsames. Anekdoten und Geschichten rund um die Franzosenschanze werden ausführlich im Buch »Spiekeroog – Geschichte einer ostfriesischen Insel« von Meyer-Deepen und Meijering vorgestellt (siehe Literaturverzeichnis).

27 Das Friederikenwäldchen

Der älteste Wald der ostfriesischen Inseln

Im Osten des Dorfs liegt ein lauschiges Wäldchen, in dem vor allem die hochgewachsene Schwarzkiefer auffällt. Die ursprünglich im Mittelmeerraum, auf dem Balkan und in Österreich vorkommende Kiefer mit ihren bis zu 15 Zentimeter langen, zu zweit in Kurztrieben stehenden Nadeln ist im Gegensatz zur weitverbreiteten Waldkiefer gegen Windschur und Salzwassergischt resistent.

Der Friederikenwald wurde von Menschenhand erschaffen. 1862 schlug der Forstdirektor Burckhardt zu Hannover den Insulanern vor, ein kleines Wäldchen zum Dünenschutz, Festhalten der Sande und aus Naturschutzgründen anlegen zu lassen. Dieser Gedanke war in der damaligen Zeit Neuland, hatte man doch bislang Wälder nahezu ausschließlich zum Betreiben von Holzwirtschaft angelegt. Burckhardt war dem Hannoverschen Königshaus sehr verbunden und widmete das entstehende Mischwäldchen, in dem heute neben Schwarzkiefern vor allem Birken, Ebereschen, Schwarzerlen und Stieleichen gedeihen, der Prinzessin Friederike von Hannover und Cumberland (1848–1926). Der neu angelegte Wald wurde damals vermutlich nicht von allen Menschen wertgeschätzt, da in einem alten Buch aus dem Jahr 1884 über Spiekeroog folgende Zeilen zu finden sind: »Wer es mit Vergnügen und mit Freude über das, was dem einer Waldentwicklung höchst ungünstigen Ort abgerungen ist, besuchen will, muß beim Besuch desselben seine heimischen Urwaldbegriffe zu Hause lassen. Es muß sehen auf das, was da ist, und nicht auf das, was fehlt. Er muß das Friederikenthal vergleichen … mit dem, was die Schwesterninseln in der Waldkultur leisten.«

Heute ist der älteste Wald der ostfriesischen Inseln ein Ort der Ruhe und des stillen Genießens – für manche ist er auch ein mystischer Platz (siehe Ort 45). Die älteren Bäume des Waldes sind zudem Zeitzeugen einer spektakulären Rettungsaktion, bei der der geflutete Wald vor dem beinah sicheren Tode bewahrt werden konnte (siehe Ort 11).

Adresse östlich des Dorfs | **Zugang** vom Ort über den Friederikenweg – er führt mitten in den Wald hinein | **Tipp** Wendet man sich auf dem Waldplatz nach links, lässt sich im Herbst wenige Meter vom Weg entfernt eine große Zahl von Pilzen bestaunen. Neben Steinpilzen kommen auch ungenießbare und giftige Arten vor.

28 Der Froschkönigteich

Vierfüßige Nachtigallen und ein vergessener Pfad

Es gab Zeiten, da ertönte das Quaken der Kreuzkröte fast auf der ganzen Insel. Dies war zu einer Zeit, in der es noch viele Kleintümpel auf Spiekeroog gab. Zur Laichzeit im Mai und Juni kamen die dunkelgrauen Kröten mit dem gelben Längsstreifen über dem Oberkörper sogar bis in das Dorf hinein. Spiekerooger Nachtigallen nannte man sie, auch wenn sie nicht bei allen so beliebt waren wie ihre gefiederten Namensvettern.

Heute gibt es auf Spiekeroog nur noch wenige Kreuzkröten, die Zahl der Tümpel und Gräben ging in den letzten Jahrzehnten stark zurück. Einer der verbliebenen Tümpel in einer versteckt liegenden Mulde wird im Volksmund seit jeher als Froschkönigteich bezeichnet. Auch wenn der Teich nicht immer Wasser führt, kann man dort häufig Kreuzkröten entdecken.

Das auch bei Schwebfliegen beliebte Gewässer markiert den Anfang eines heimeligen, kaum begangenen Pfads, der sich zwischen Hellerpad und Eierschießerplatz durch das Friederikenwäldchen schlängelt. Nur zwei verrottete Bänke und ein befestigter Ameisenhaufen am Wegesrand deuten auf die gelegentliche Gegenwart des Menschen in dieser idyllischen Kleinlandschaft hin.

Folgt man dem Weg in Richtung Osten, kann man neben Fliegen, außergewöhnlichen »Nachtigallen« und prächtigen Ameisenbauten auch einer besonderen Buche (siehe Ort 11) begegnen. Lässt der Pfad den bodennahen Stamm einer durch die Kraft des Windes gestürzten, aber lebensfrohen Schwarzkiefer hinter sich, öffnet sich der Wald und gibt eine bezaubernde Dünenlandschaft mit einzelnen Birken, unzähligen Rentiermoosen und umherhoppelnden Hasen frei. Sie wurden um 1900 auf Spiekeroog ausgesetzt und sind, da sie im Gegensatz zu Kaninchen flache Mulden bauen, auf der Insel willkommen. Schließlich durchquert der malerische Pfad eine Krähenbeerenheide und erreicht nahe der Kohhukdüne den Hauptweg.

Adresse nahe Friederikenwäldchen / Eierschießerplatz | **Zugang** über den Friederikenweg durch das Wäldchen zum Eierschießerplatz, dort rechts und nach etwa 50 Metern links; oder vom Hellerpad kurz hinter dem Dorf den ersten Weg links (Bank an der Baumgruppe) und hinter dem Dünenkamm rechts | **Tipp** Eine besondere Attraktion vom Herbst an bis zu den ersten Frühlingstagen sind die dann gelb blühenden Stechginsterbüsche am Verbindungsweg zwischen Eierschießerplatz und Hellerpad.

29 Das Gezeitenmodell

Eine physikalische Entschlüsselungshilfe

Wissen Sie, was sich durch Subtraktion des mittleren Tideniedrigwasserstandes vom mittleren Tidehochwasserstand ergibt? Ebbe und Flut sind zwar wohlbekannte Begriffe, wer jedoch diese Naturphänomene erklären soll, gerät nicht selten ins Stocken. Hinterfragt man Begriffe wie Tide, Tidenhub, Springtide oder Nipptide, kann man in den Augen vieler Binnenländer Fragezeichen von stattlicher Größe entdecken.

Wer Gezeiten-Phänomene nicht nur erleben, sondern auch verstehen möchte, kann auf Spiekeroog eine geführte Wattwanderung unternehmen. Die auf Spiekeroog lebenden Nationalpark-Wattführer erklären die angesprochenen Begriffe sehr anschaulich und selbst für radikale Physikmuffel gut verständlich.

Bei Wattwanderungen, die am Wanderer-Treffpunkt am Windhukk beginnen, kommt den Wattführern ein einzigartiges Outdoor-Werk bei ihren Erklärungen zur Hilfe. Es handelt sich um das Gezeitenmodell, eine Edelstahl-Kunststoff-Konstruktion, die die Wirkung der Gravitation zwischen Mond, Sonne und Erde veranschaulicht. Mond und Erde beziehungsweise Erde und Sonne sind durch Metall-Stege beweglich miteinander verbunden. Die realen Größenverhältnisse spielen in diesem Modell keine Rolle. Das Gezeitenmodell wurde von der Modellbaufirma Kessler aus Oberhausen konstruiert und 2012 gemeinsam mit einer Naturerlebnishütte östlich des Stegwarthauses aufgestellt.

Wenn Sie diesen Text lesen und das Gezeitenmodell an der beschriebenen Stelle vorfinden, wurde dem lehrreichen Unikat bereits längere Zeit nichts Böses angetan. Als das Modell in der Saison 2016 zum zweiten Mal stark beschädigt wurde – ob durch Vandalismus oder Missbrauch als Kinderkarussell, ist unbekannt –, erklärte der Geschäftsführer der Nordsee Spiekeroog GmbH, dass das Werk bei erneuter Beschädigung abgebaut werden würde. Bei Redaktionsschluss dieses Buchs stand es noch dort – helfen Sie mit, dass dies so bleibt.

Adresse Windhukk, nahe Hafen | **Zugang** Den Hinweisschildern am Hafen folgen. Das Modell befindet sich hinter und etwas unterhalb der Hütte. | **Tipp** Ein Blick auf die friedlich daliegenden Boote des Segelclubs lohnt ebenso wie ein Spaziergang rund um den Hafen. Im Sommer kann man sich an Mausis Hafenbude mit kleineren, wohlschmeckenden Wegzehrungen versorgen.

30__Die Glocke der »Johanne«

… und das Krokodil – Dramen im Inselmuseum

Mit dem Spiekerooger Inselmuseum verbinden viele Menschen eines der traurigsten Ereignisse auf den ostfriesischen Inseln überhaupt: Im November 1854 fanden bei der Strandung der »Johanne« 77 Menschen vor Spiekeroog den Tod (siehe Ort 44). Seit Langem hängt die Glocke des Schiffs im Inselmuseum über der Kasse, was das tragische Ereignis besonders greifbar macht. Bekannt ist die Glocke aber weit über Spiekeroog hinaus: Traditionell wird sie jedes Jahr anlässlich der ökumenischen Schiffsandacht in Carolinensiel geläutet, für jedes im Vorjahr beim Versicherer Lloyd als gesunken gemeldetes Schiff einmal.

Das Inselmuseum erinnert auch an weitaus kleinere Dramen, deren Protagonisten bis heute in den Räumlichkeiten des mit viel Herzblut und Liebe zum Detail eingerichteten Museums zu bestaunen sind. Ein vor allem bei jungen Menschen beliebter Zeitzeuge eines Dramas ist ein ausgestopftes afrikanisches Zwergkrokodil, das am 8. November 2001 am Hauptbadestrand von einem zwölfjährigen Jungen einer Konfirmandenfreizeit aus Wolfsburg gefunden wurde. Dass das Präparat im Museum ausgestellt werden kann, beruht auf einer vorausgegangenen Straftat: Ein Schmuggler, der das ausgestopfte Krokodil in der EU verkaufen wollte, warf das Reptil bei Annäherung eines Zollboots über Bord. Besitz und Handel mit solchen Tieren sind gemäß dem Washingtoner Artenschutzabkommen streng verboten. Durch eine Sondergenehmigung des Niedersächsischen Landesamts für Ökologie darf das Krokodil im Inselmuseum ausgestellt werden.

Faszinierend ist auch die Ausstellung zu Alltagsgegenständen der Insulaner aus früheren Zeiten, zu denen Geräte zum Fischfang, Schöfels (Schlittschuhe) und ein Kluntjesknieper, also eine Zange zum Zerkleinern von Kandiszucker, gehören. Beispiele der einstigen Mode, historische Fotos und Schiffsmodelle sind ebenfalls im Museum zu bewundern.

Adresse Inselmuseum, Noorderloog 1, Tel. 04976/9193290 | **Öffnungszeiten** Mo–Sa 15–17.30 Uhr, im Winter eingeschränkt geöffnet | **Tipp** Neben einem weißen Fasan (siehe Ort 9) verdienen im Museum auch die legendären Fayence-Hunde Beachtung. Blickten die einst im Hausfenster von Prostituierten gut sichtbar positionierten Porzellan-Hunde einem liebeshungrigen Matrosen entgegen, durfte er Einlass ins Haus begehren. Schauten sie hingegen in das Innere des Raumes, war die Dame »besetzt«, und der Matrose musste warten.

31__Die goldene Linie

Die unsichtbaren Spuren einer alten Zwistigkeit

Zügig bewegt sich die Reisegruppe im Spiekerooger Norden Richtung Osten. Die Teilnehmer der Tagesexkursion wollen den naturbelassenen Inselosten erkunden und lauschen andächtig den Worten von Anja Sander. An einer unauffälligen Stelle – die Dünen sind schon fern, der weiße, breite Sandstrand ist ein Genuss für die Sinne – hält die Nationalpark-Wattführerin und Leiterin der Gruppe unvermittelt inne und zeichnet einen langen Strich in den Sand. Fragend schaut sie ihre Teilnehmer an.

Die Gruppe ist an einem besonderen Ort, der goldenen Linie, zum Stehen gekommen. Sie markierte im 17. Jahrhundert die Grenze zwischen dem Fürstentum Ostfriesland und der Grafschaft Oldenburg in der Harlebucht an der friesischen Nordseeküste. Die goldene Linie war einst Anlass für einen immer wieder aufflammenden Streit um Besitzansprüche. So ging es zum Beispiel darum, wer bis zu welcher Stelle die Weidegerechtigkeit auf dem Deich hatte und sein Vieh auf das Deichvorland treiben durfte. Ein Grund dafür war das stetige Wachstum Spiekeroogs in östlicher Richtung, sodass sich schließlich der Inselosten, bei Verlängerung der goldenen Linie vom Festland weiter ins Meer, auf oldenburgischem Terrain befand. Während manche Historiker zu dem Schluss kamen, dass der östliche Auswuchs der Insel zweifellos zu Oldenburg gehört, widersprachen andere vehement. In den entsprechenden Verträgen aus den Jahren 1743 und 1868 war allerdings nur die Grenze auf dem Festland bestimmt worden. Die Streitereien zogen sich bis in die 1920er Jahre hinein.

Die goldene Linie bildet noch heute auf dem Festland die Trennlinie zwischen den Landkreisen Wittmund und Friesland. Auf alten Seekarten soll die Linie mit goldener Tinte eingetragen worden sein. Bekannt ist unter anderem eine 1667 gefertigte Karte, auf der die Grenze in goldener Farbe dargestellt und mit kartografischen Angaben versehen wurde.

Adresse Inselosten | **Zugang** am Nordstrand entlang, vorbei an Bake und Leegde (erkennbar am Strand als Aussparung zwischen den Dünenzügen); die goldene Linie befindet sich in Höhe der höchsten Düne in der zweiten Dünenkette | **Tipp** Die goldene Linie kann man sich im Osten Spiekeroogs an vielen Stellen denken. Wer jedoch eine relativ genaue Positionsangabe haben möchte, kann sich einer von Anja Sander angebotenen Ganztagestour in den Inselosten anschließen (siehe Ort 66).

32_Die Grabsteinmauer

Bewegende Geschichten auf dem Inselfriedhof

Alte Grabsteine wecken Erinnerungen an Menschen und ihre Geschichten. Traurig ist, wenn es niemanden mehr gibt, der sich um solche Steine kümmert.

2015 musste die Kirchengemeinde auf Spiekeroog 20 lange aufgegebene Grabsteine entsorgen. Bevor jedoch die Steine auf das Festland transportiert wurden, beschlossen Dieter Mader und Hille Schreiber, die Vorstände des Inselmuseums, einige der schweigenden Zeugen Spiekerooger Geschichte zu bewahren und in einer Mauer aufzustellen. Sie wählten zehn Grabsteine aus, die der Nachwelt erhalten bleiben sollten. Die Kriterien des Vereinsvorstandes waren vor allem die Geschichten, die mit den eingravierten Namen in Verbindung gebracht werden, sowie die Verdienste der Menschen um die Insel. Optische Gesichtspunkte der Steine waren hingegen weniger wichtig. Auf diese Weise entstand für 15.000 Euro eine Friedhofsmauer mit Grabsteinen alteingesessener Insulaner-Familien, die passenderweise am Totensonntag im November 2015 von Kirchengemeinde und Verein der Öffentlichkeit vorgestellt wurde.

Entsprechend der damaligen Zeit findet man unter den auf den Steinen skizzierten Berufen vor allem Kapitäne und Schiffer, aber auch Lehrer, einen Bäckermeister und einen Bauaufseher. Einer der Grabsteine gehört zu Kapitän Melcher Hillrich Janssen und seiner Frau Margarethe. Janssen war 18 Jahre lang Bürgermeister auf der Insel (1895 – 1913). Sein Nachfolger als Bürgermeister war Otto Thomas Willms (1913 – 1919), dessen Grabstein ebenfalls in der Reihe auftaucht. Willms gehörte zur Besatzung des Spiekerooger Rettungsbootes. Eine weitere erhaltene Grabplatte ist die von Georg Arends Röben. Er war Eigner der legendären »Fortuna«, jenes Schiffs, auf dem Seezeichen ausgelegt und Telegrafenkabel verlegt wurden. Außerdem fuhr Röben auf der »Frisia«, einem der einst schönsten Segelschiffe der ostfriesischen Küste.

Adresse Inselfriedhof, nördlich der Weggabelung Bi d'Utkiek / Noorderpad | **Zugang**
Die Grabreihe befindet sich auf der dem Eingang entgegengesetzten Seite. | **Tipp** Auf dem
Inselfriedhof befinden sich auch die Grabstätten von Heye Deepen (siehe Ort 33), »Eddie
von Laramie« (siehe Ort 65) und viele andere individuell und liebevoll geschmückte Gräber.

33 Das Grab von Heye Deepen

Leise und weise – und 106 Jahre alt

Die zweite Überschrift zu diesem Kapitel hätte man spektakulärer wählen können: »Der älteste Insulaner aller Zeiten« oder Ähnliches wären mögliche Titel gewesen. Heye Deepen ist dies – zumindest in Deutschland – bislang tatsächlich. Den Aussagen der Verbliebenen zufolge war Deepen ein eher leiser, nachdenklicher Mensch, der sich bis zuletzt um die Geschicke Spiekeroogs kümmerte. Er galt als kritischer Gesprächspartner und mahnte früh die Folgen des zunehmenden Tourismus an. Für viele Insulaner war er ein liebenswerter, humorvoller, wortgewandter, lebenslanger Wegbegleiter.

Heye Deepen hat in seinem Leben viel erlebt. Im Zweiten Weltkrieg durchschlug ein Geschoss seine Mütze, in Italien geriet er in Gefangenschaft. Besonders ans Herz gewachsen war Deepen die Hermann Lietz-Schule, wo er zwischen 1947 und 1958 als Lehrer tätig war. Er setzte sich auch im Kuratorium des Internats für die Belange der Lietzschule ein. Noch im Jahr 2013 initiierte er als »Beitrag gegen das Nuscheln« (Deepen-Zitat) einen Vorlesewettbewerb an der Schule, bei dem jährlich die besten Dorf- und Internatsschüler ausgezeichnet wurden. Deepen war Namensgeber des neben dem Internat liegenden Nationalpark-Hauses Wittbülten. Sein Familienhaus steht nur wenige Meter vom Schulgelände entfernt.

Fragt man alte Insulaner nach ihren Erinnerungen an Deepen, erwähnen viele die für sie wertvollen Gespräche, manche auch seine unfassbar große Werkzeugsammlung, sein handwerkliches Geschick und seinen Fleiß. Deepen genoss altjugoslawischen Pflaumenschnaps und war bis ins hohe Alter mobil – auf seinem mit Hilfsmotor ausgerüstetem Fahrrad düste er mit Hochgeschwindigkeit über die Insel.

Deepens Grab auf dem Inselfriedhof ist eher schlicht. Unvergleichbar schön ist indes die Grabinschrift, die viele Besucher zu Tränen rührt. Deepen schlief in der Nacht zum 21. Januar 2017 im Alter von 106 Jahren friedlich ein.

Adresse Inselfriedhof, nördlich der Weggabelung Bi d'Utkiek / Noorderpad | **Zugang** Das Grab befindet sich rechter Hand im vorderen Abschnitt des Friedhofs. | **Tipp** Die berührende Grabinschrift lässt sich in diesem Buch entdecken. Wenige Meter vom Friedhof entfernt kann man im liebevoll dekorierten »Kleinen Inselladen« (Noorderpad 17) selbst hergestellten Schmuck, Gewürzmühlen und Miniaturskulpturen erwerben.

34 Das Grab von Remmer Oltmanns Janssen

Spiekeroogs Menschenretter

Wer auf Spiekeroog die Alte Inselkirche besichtigt, stößt auf dem Kirchhof nahe der Nordpforte auf einen imposanten Gedenkstein. Der 1895 von Badegästen gestiftete Stein steht auf dem Grab von Remmer Oltmanns Janssen (1814–1895) und erinnert an die mutigen Taten dieses Mannes: Während seiner Zeit als Vormann des ersten Spiekerooger Ruderrettungsbootes (1862–1882) – untergebracht war das Boot im 1862 erbauten ersten Rettungsschuppen der Insel (siehe Ort 3) – vermochten er und seine Helfer 56 Schiffbrüchige zu retten. Unter schwierigsten Bedingungen kämpften die Insulaner freiwillig gegen Sturm und Brandung. Weniger bekannt ist, dass Janssen vermutlich bereits als junger Mann Menschenleben rettete. Das Gemeindeboot, ein für zwei Personen bestimmtes Ruderboot, war im Vorraum der Alten Inselkirche untergebracht.

Gemäß der Familientradition wählte Remmer Oltmanns Janssen nach der Schulentlassung den Seemannsberuf. Als Schiffsjunge fuhr er zunächst auf Spiekerooger Fischerfahrzeugen, später heuerte er als Leichtmatrose auf großen Frachtenseglern an. Er umrundete mehrmals das Kap der Guten Hoffnung bis hin nach Indien. Am 3. Juni 1850 heiratete Janssen Anna Maria Wiethorn; das Ehepaar hatte sechs Kinder, drei starben jedoch kurz nach der Geburt oder in jungen Jahren. Seiner Hilfsbereitschaft und Fürsorglichkeit ist es zu verdanken, dass Janssen die Insel nur noch zu Rettungseinsätzen verließ und zahlreiche Gemeindeämter übernahm. Von 1863 bis 1881 war Janssen als Orts-, Kirchen- und Armenvorsteher für seine Inselgemeinde tätig. Nach seinem Tode am 26. April 1895 wurde Janssen auf dem Kirchhof an der Alten Inselkirche beigesetzt. Der Kirchhof war bis 1911 der Friedhof der Inselgemeinde – der heutige Inselfriedhof wurde im selben Jahr angelegt.

Hier ruhet
**Remmer
Ottmanns Janssen,**
geb. 14. Sept. 1814.
gest. 26 April 1895.

Vormann
vom Rettungsboot
1862   1883

Adresse Kirchhof der Alten Inselkirche, Süderloog 9 | **Zugang** Geht man vom Süderloog links an der Kirche vorbei, liegt das Grab rechter Hand neben dem Pfad. | **Tipp** An der Alten Inselkirche steht auch die Familiengrabstätte von Johan Otto Remers. Der Lebensweg des Zimmermanns, Kirchen- und Armenvorstehers war von unvorstellbar viel Leid begleitet. Seine erste Frau starb am Kindbettfieber, ihr Sohn folgte ihr nach einem Monat. Auch seine zweite Frau und die beiden gemeinsamen Töchter starben.

35 Der Hauptstrand bei Nacht

Kleine Wunder unter Sternen

Ein ganz besonderer Ort auf Spiekeroog ist der Hauptbadestrand im Norden des Dorfs – und zwar dann, wenn die Sonne für die Bewohner der anderen Erdhälfte strahlt, die meisten Touristen den Strand also schon lange verlassen haben. Unter dem Mantel der Nacht lassen sich dort wundersame Dinge erleben. Eines von ihnen ist der »magische Leuchtquirl«: Verwirbelt man am Strand das in den Pfützen zurückgebliebene Wasser, schlagen einem oft helle Funken oder kleine Blitze entgegen. Manche dieser Lichter wandern ohne weiteres Zutun durch Rinnsale in andere Pfützen und lassen staunende Gesichter zurück. Verantwortlich für dieses Meeresleuchten sind winzige Wasserbewohner, die Panzergeißeltierchen (Dinoflagellaten).

Wer die nächtliche Welt auf der am Hauptstrand stehenden Schaukel erlebt, kann in kurzen Abständen nach den Sternen greifen. Über Spiekeroog funkeln ihrer Abertausende – auch die fein zwischen ihnen eingewobene Milchstraße ist deutlich zu sehen. Kesse Insulaner behaupten, dass das auf der Insel stets zu sehende Sternbild vom Großen Wagen nach dem Spiekerooger Bollerwagen benannt wurde – Letzterer ist auf der Insel ebenfalls allgegenwärtig. Ein Grund für den gut sichtbaren Sternenhimmel ist die nachts am Hauptstrand herrschende Dunkelheit, die nur von den Leuchtfeuern auf Helgoland und Wangerooge und den Lichtern der vorbeiziehenden Schiffe durchbrochen wird.

Ein besonders schöner nächtlicher Rundweg beginnt an der Kogge und führt über die Dünen zum Strand. Wählt man für den Rückweg den an der Strandhalle linker Hand ins Inselinnere führenden Weg, betritt man einen mystisch wirkenden Gehölzstreifen. In den Dünen kann man immer wieder die Schattenrisse der Hasen erspähen. Der Anblick der hin und her huschenden Schatten unter Myriaden von Sternen und das leuchtende Wasser bleiben unvergesslich.

Adresse nördlich des Dorfs | **Zugang** Weg von der Kogge über den Noorderpad, am Lesepavillon und Evangelischen Jugendhof vorbei, Rechtsschwenk zum Höhenweg, links hinab zum Strand (Schaukel), bergan zur Strandhalle, über den Slurpad in Richtung Inselmitte bis zur Kreuzung Slurpad / Tranpad / Bi d'Utkiek, dort rechts (Bi d'Utkiek) in Richtung Kogge | **Tipp** Ein Meeresleuchten lässt sich oft auch am »neutralen Strand« und an der Ostspitze der Insel beobachten.

36 Das Haus Klasing

Der Blickfang auf dem Dünenkamm

Nordwestlich des Spiekerooger Dorfs erhebt sich auf einer ehemaligen Wanderdüne ein frei stehender, weithin sichtbarer Bau. Es ist Haus Klasing, von dem man eine freie Rundumsicht auf das Watt und die offene See genießen kann. Das anmutige Gebäude mit dem markanten begehbaren Dachausguck ist seit jeher ein beliebtes Fotomotiv. Wer in älteren Postkarten und Bildbänden zu Spiekeroog stöbert, entdeckt schnell das ehrwürdige Haus, das wegen seiner exponierten Lage auch eine Orientierungshilfe im Gelände ist.

Haus Klasing wurde 1909 von Fritz-Otto Klasing, einem Leipziger Verleger, als Landhaus erbaut. Der heute denkmalgeschützte Ziegelbau mit hohem Walmdach, in dem die bis zum Dachgeschoss führende Freitreppe erhalten blieb, wurde von Klasing zunächst als privates Sommerhaus genutzt. Ab Ende des Zweiten Weltkriegs bis 1955 bewohnten Fritz-Otto Klasing, seine Familie und einige seiner Enkel das Haus, danach wurde es von Dr. Klaus Klasing, dem ältesten Sohn der Familie, umgebaut, erweitert und mit dessen Frau Tutti zunächst als privates Kinderheim geführt. Die Umstellung auf den Pensionsbetrieb erfolgte 1961. 1983 übernahm Wolfhart Klasing, ein Enkel von Fritz-Otto Klasing, das Haus und führte es mit seiner Frau Sabine bis 2013 als Bio-Frühstückspension. Seit Frühjahr 2014 bieten Wolfhart und Sabine Klasing Gästen neben einer Ferienwohnung im Anbau auch das Landhaus zum Selbstbewirtschaften an. Die im Internet einsehbaren Angebote richten sich vor allem an Gruppen. Haus Klasing ist als Seminarhaus sehr beliebt.

Bei aller Begeisterung für das architektonisch eindrucksvolle Gebäude sollte man jedoch die Privatsphäre der Familie und die der dort wohnenden Gruppen respektieren. Am Hauptweg (Westend) ergeben sich einige wunderschöne Aussichten auf das Haus – man muss nicht den Zugangsweg bis zu den Mauern des Gebäudes erklimmen.

Adresse Westend 10, Tel. 04976/230, www.haus-klasing.de | **Tipp** Am Westend, am Abzweig zum Damenpad, steht das eigentlich eher unauffällige »Gelbe Haus«. Sein Alleinstellungsmerkmal ist die Farbe – alle anderen Häuser auf der Insel sind anders gefärbt.

37 Die Hermann Lietz-Schule

Deutschlands einziges Inselinternat

Einen außergewöhnlichen Beitrag zur schulischen Entwicklung heranwachsender Insulaner und Festländer leistet Deutschlands einziges Inselinternat, die Hermann Lietz-Schule. Im Gegensatz zu anderen ostfriesischen Inseln ist auf Spiekeroog eine Schulausbildung bis zum Abitur möglich. Insulaner-Kinder können bis zur Klasse 10 die Inselschule besuchen und dann auf die Hermann Lietz-Schule als staatlich anerkanntes Internatsgymnasium wechseln. Anstelle von Internatsgebühren entrichten Insulaner einen reduzierten Monatsbeitrag.

Die Hermann Lietz-Schule wurde 1928 von Alfred Andreesen, einem ehemaligen Mitarbeiter des Reformpädagogen Hermann Lietz, als Landerziehungs- und Oberstufenheim gegründet. Im heutigen Internat leben und arbeiten im Miteinander 80 bis 90 Internatsschüler, 20 Lehrer und 20 Mitarbeiter. In kleinen Klassen mit 15 bis 18 Schülern und im »Familienverband« (fünf bis acht Schüler und ein Lehrer je Gruppe) findet eine individuelle Betreuung und Förderung der Jugendlichen statt. Zu den wichtigsten Grundprinzipien im Internat gehört die Entwicklung der eigenen Fähigkeiten innerhalb der Gemeinschaft. In sogenannten Gilden (Projektgruppen) werden auch kreative und handwerkliche Fähigkeiten gefördert. So gibt es neben der einst aus Notwendigkeit entstandenen Deichbaugilde (die Schule liegt in der Sturmflutzone) unter anderem eine für das schuleigene Nationalpark-Haus zuständige Museumsgilde und eine Gartengilde. In die Schule aufgenommen werden Schüler ab der 5. Klasse (ab zehn Jahre), ihre Unterkunft erfolgt zunächst in Zweierzimmern, ab der Klasse 11 in Einzelzimmern. Wer sich für eine Schullaufbahn in der Hermann Lietz-Schule interessiert, führt zunächst ein Telefoninterview – besteht danach beiderseitiges Interesse, stehen vor der letzten Entscheidung noch eine Probewoche und eine Probezeit an.

Adresse Hellerpad 2 | **Zugang** von der Dorfmitte zum Beispiel über den Süderloog, hinter dem Dorf geradeaus weiter über den Hellerpad bis zur Schule (insgesamt etwa 2 Kilometer) | **Tipp** Die Lietzschule ist aus der Ferne nicht zu verfehlen – neben der Schule wurde das einzige Windrad der Insel montiert. Einen Abstecher wert ist auch das Nikotinwäldchen nordwestlich der Schule – dort wurde früher wesentlich mehr geraucht als heute.

38 Die Hessenwand

Ein Meisterwerk der Steinsetzung

Wie alle anderen ostfriesischen Inseln hatte auch Spiekeroog im Verlauf seiner Geschichte mit vielen Sturmfluten zu kämpfen. Vor allem im Inselwesten rollen die Wellen bei Sturm mit bedrohlicher Kraft heran und führen immer wieder zu Dünenabbrüchen. Um den Naturgewalten zu begegnen, wurden auf Spiekeroog zahlreiche mehr oder weniger wirksame Dünenschutzwerke errichtet (siehe Ort 86).

Die 238 Meter lange Hessenwand ist das älteste erhaltene Schutzwerk Spiekeroogs. Die imposante Wand mit ihren formschönen Steinen gilt als Meisterleistung der Steinsetzung. Sie hielt in der Vergangenheit zahlreichen Sturmfluten stand und ist trotz ihres fortgeschrittenen Alters noch immer uneingeschränkt wirkungsvoll.

Die Wand mit dem markanten S-Profil wurde zwischen 1881 und 1883 gemeinsam mit zwei Buhnen nach schweren Dünenabbrüchen an der Westspitze der Insel errichtet. Man verwendete für den Bau große Sandsteinquader, die aus Steinbrüchen nahe der niedersächsischen Kleinstadt Obernkirchen stammten. Der Obernkirchener Sandstein wurde bereits seit dem Mittelalter für viele Bauprojekte in Europa verwendet. Da der endgültige Zuschnitt und Einbau der Sandsteinblöcke vor Ort durch hessische Steinmetze erfolgte, nannte man das Schutzwerk Hessenwand. Den oberen Mauerabschluss bildet Klinker, den unteren Bruchstein. Der Sinn des relativ steilen, nach Borkumer Vorbild errichteten Profils ist physikalischer Natur: Anbrandendes, auf die Steinquader treffendes Wasser wird zurückgeführt, da die Wellen beim Branden umgelenkt und gegenlaufende Wellen erzeugt werden. Die Energie der Brandung lässt sich auf diese Weise deutlich reduzieren.

Wegen des Farbenspiels zwischen den Nuancen des Sandsteins und dem Sonnenlicht ist die Hessenwand auch bei Wanderern und Fotografen beliebt. Bei entsprechender Wetterlage lassen sich an der Hessenwand wunderschöne Abendstimmungen in vollkommener Stille erleben.

Adresse westlich des Zeltplatzes | **Zugang** zum Beispiel vom Old Laramie; hinter dem Dünendurchgang gegenüber dem Laramie links, an der Spundwand vorbei zur Hessenwand; die Hessenwand kann nur bei Niedrigwasser passiert werden! | **Tipp** Botaniker halten an der Hessenwand ein Wesen namens Caloplaca albolutescens in Ehren: Der in den Mörtelfugen der Mauer lebende, flechtenbildende Pilz wurde in Niedersachsen bislang nur an diesem Ort nachgewiesen. Wesentlich leichter zu entdecken sind die an manche Flecken der Wand aufgetragenen Graffiti.

39_Das Hotel Inselfriede

Vier Sterne und Fernsprechanschluss Nummer eins

Die Geschichte vom Hotel Inselfriede liest sich wie ein Märchen, das mit Eduard Georg Gerdes, einem Mann aus einem Dorf bei Carolinensiel, beginnt. Wie viele andere Menschen in Europa um 1900 zog es ihn nach Nordamerika, wo er auf einer Farm zu Ansehen und Wohlstand gelangte. Doch ihn packte das Heimweh, und 1904 kehrte er mit einem Startgeld von 16.000 Mark nach Ostfriesland zurück. Mit dem Angesparten erwarb er auf Spiekeroog eine Immobilie namens Inselfriede, ein schmuckes 1898 erbautes Haus mit Gästezimmer und angeschlossenem Kolonialwarenladen. Gerdes baute den Pensionsbetrieb aus, indem er das Gebäude mit Anbauten vergrößerte. 1913 erhielt das Haus den ersten Fernsprechanschluss der Insel. Selbstbewusst empfahl sich die beliebte Unterkunft 1925: »gut bürgerliches Haus, luftige Zimmer, prima Betten, Roßhaar- und Kapockmatratzen, prachtvoll geschlossene Glasveranda …« Auch die »anerkannt beste Küche, gut gepflegte Biere« und »Weine erster Firmen« wurden beworben. Im gleichen Jahr erwählte der Klootschießerverein (»An de Strand lang«) das Hotel zu seinem Vereinslokal.

1948 übernahm Gerdes' Tochter Alice mit ihrem Ehemann Ewald die Geschäfte. Sie erwarben angrenzende Grundstücke und Häuser und erweiterten so die Kapazität des Hotels. Nachdem Georg Germis, der Sohn von Alice, mit seiner Ehefrau Marianne 1980 als dritte Generation der Familie das Hotel übernommen hatte, standen die Verbesserung des Services und Komforts für die Gäste im Vordergrund. Für seine Inneneinrichtung mit hochwertigen Materialien erhielt das Hotel vier Sterne.

Das demnächst von Eicke Germis bereits in der vierten Generation geführte Unternehmen ist mittlerweile das am längsten in Familienbesitz befindliche Hotel der Insel. Es besteht aus drei Hotel- und vier Apartmenthäusern, einem Wellnessgebäude und einem Mitarbeiterhaus, dem einstigen Kinderheim Stranddistel.

Adresse Hotel Inselfriede, Familie Germis, Süderloog 12, Tel. 04976/91920, www.inselfriede.de | **Tipp** In der Friesenstube des Hotels kann man wunderbar speisen, und für Irlandfreunde empfiehlt sich ein Besuch des ebenfalls der Familie Germis gehörenden Lokals »Sir George's Pub« gegenüber dem Hotel. Die vom Hotel zu den Richelwiesen führende Straße Südermens (südlicher Dorfausgang) wurde früher auch als »Gerdes sien Mens« (Gerdes' Weg) bezeichnet.

40___Das Huus Puppenstuv

Nostalgische Erinnerungen im alten Puppenmuseum

Mitten im Dorf und dennoch ein wenig versteckt steht am Durchgang zum Süderloog ein uraltes Insulanerhaus mit einer bunten Geschichte, an die sich so manche Erinnerung knüpft. Benannt ist es nach dem einst in ihm beherbergten Puppenmuseum, das von Gesine Eimen, der letzten Bewohnerin des Hauses aus der beliebten Insulaner-Familie Eimen, geführt wurde. Ihre selbst gefertigten Friesenpuppen verkaufte sie mit großem Erfolg. Zu den Berühmtheiten des Hauses gehört vor allem der Schiffer und Fuhrmann Johann Georg Eimen, der das Haus 1897 erwarb. Am 31. Mai 1949 kutschierte der bereits 81-jährige Eimen die geschmückte Pferdebahn das letzte Mal zum Anleger. Auch Tätje Willms, die Ehefrau des einstigen Lehrers und Inselvogtes Adde Heien Willms, lebte hier. Nach über 100 Jahren im Besitz der Familie Eimen wurde das Haus im Jahr 2000 von der Familie Stahl übernommen. Barbara Stahl arbeitete bis vor Kurzem als Lehrerin in der Inselschule.

Wenig ist über die Bauzeit des Hauses und seine ersten Bewohner bekannt. Das Gebäude trägt in alten Karten die Hausnummer 6. Es war also einst das sechste im neuen Dorf errichtete Haus, was auf eine sehr frühe Entstehungszeit hindeutet. Auf der sogenannten Horst'schen Karte aus dem Jahre 1738 ist das Gebäude ebenfalls verzeichnet. Aus diesen Daten leitet sich die offizielle und ein wenig skurril anmutende Angabe ab, dass das Haus zwischen 1570 und 1738 errichtet wurde. Besitzer des Hauses sind erst ab dem Jahr 1748 vermerkt.

Wer heute das Insulanerhaus besucht, kann eine gut erhaltene Dach- und Deckenkonstruktion bestaunen. Das 1914 und 1962 umgebaute Haus besitzt wie viele Gebäude aus jener Zeit eine Schwimmdachkonstruktion (siehe Ort 82), die durch die alten Balken in der Stube und im Schlafzimmer der Ferienwohnung »West« noch zu erkennen ist. Wer also tief in die Vergangenheit von Huus Puppenstuv eintauchen möchte, sollte sich dort als Gast einbuchen.

Adresse Noorderloog 14, Eingang am Durchgang zum Süderloog, Inh. Familie Barbara Stahl, Tel. 04976/706884 | **Tipp** In der Nähe, am Noorderloog 21, liegt das alte Doktorhaus. Dort praktizierten auf Spiekeroog einst die Ärzte. Das denkmalgeschützte Haus aus dem Jahr 1909 beherbergt heute im Sommerhalbjahr die DLRG-Rettungsschwimmer.

41 In d'Kamp

Verschachtelte Straßen im verlorenen Land

Wer um das Geheimnis der verschachtelten Straßen auf Spiekeroog nicht weiß, kann ernsthafte Orientierungsprobleme bekommen. Will man beispielsweise Dieter Mader, den ersten Vorsitzenden des Inselmuseums, besuchen – er wohnt auf dem Noorderpad 9A –, wird man entlang dem Noorderpad nicht fündig. Biegt man jedoch vom Noorderpad an der Sparkasse in die Straße In d'Kamp ein, lässt sich Maders Haus auf der linken Straßenseite rasch entdecken. Einige andere Häuser mit Noorderpad-Adresse stehen ebenfalls auf der linken Straßenseite von In d'Kamp. Wie erklärt sich dieses Phänomen?

Als Mader 1962 das Haus bezog, führte dort nur ein Trampelpfad vorbei. Die Häuser auf der gegenüberliegenden Straßenseite gab es nicht. Sie wurden erst in den 1970er Jahren hinzugefügt, nachdem auch die Straße In d'Kamp gebaut worden war. Die Adressen der alten Häuser auf der linken Seite wurden belassen.

Die Straßenbezeichnung In d'Kamp (plattdeutsch für »In den Kampen«) beschreibt ein mit Wällen umgebenes Stück Land (Kampen), das sich einst östlich des heutigen Kurgartens befand. Die ehemalige Wiese wurde bereits Mitte des 18. Jahrhunderts in mühsamer Arbeit angelegt und mit Schlick, Dünger und angeschwemmten Materialien fruchtbar gemacht. Die Kampen dienten zudem der Heugewinnung und als Spielplatz der Kinder. Bei der Erschließung des Gebiets wurden die meist im Privatbesitz stehenden Wiesenstücke verkauft und nach dem Bau der Straße in den Bebauungsplan aufgenommen. Viele Insulaner bedauern, dass es entlang der nach Süden hin bis zum Westerloog führenden Straße nicht überall gelang, inseltypische Häuser zu errichten. In den Herzen vieler älterer Insulaner unvergessen sind die Kampen wegen der Orkannacht vom 16. zum 17. Februar 1962 (siehe Ort 11): In jenen Stunden drang das Seewasser von Westen und Südwesten auch in die Kampen vor und verwandelte das Terrain in einen Binnensee.

Adresse In d'Kamp | **Tipp** Ein beeindruckendes altes Insulaner-Gebäude ist auch »Haus Frisia« (Noorderpad Nummer 9), das erste Haus auf der linken Straßenseite, wenn man von der Sparkasse in die Straße In d'Kamp abbiegt.

42 Die Johannes-Rau-Büste

Der beliebte Ehrenbürger mit dem Riesenschnauzer

Vor allem ältere Insulaner bleiben manchmal im Rathaus gedankenversunken an der Johannes-Rau-Büste stehen. Viele von ihnen kannten den ehemaligen Bundespräsidenten (das war er von 1999 bis 2004) persönlich oder haben zumindest manchmal ein Wort mit ihm gewechselt. Johannes Rau galt als Institution auf Spiekeroog – im Jahr 2000 wurde er zum Ehrenbürger der Insel ernannt.

Spiekeroog ist ein beliebtes Refugium für Bundespräsidenten. Schon Gustav Heinemann, Walter Scheel und Richard von Weizsäcker verlebten unvergessliche Tage auf der grünen Insel. Für Johannes Rau war Spiekeroog aber weit mehr als ein Urlaubsort: Am 22. August 1982 heiratete er in der Neuen Evangelischen Kirche seine Frau Christina, die Enkelin von Gustav Heinemann; die standesamtliche Trauung fand in London statt. Christina Rau, heute unter anderem Kuratoriumsvorsitzende der Hermann Lietz-Schule, hatte bereits zuvor von ihrem Großvater ein Haus auf Spiekeroog geerbt. Später wurden auch die Kinder der Familie – Anna Christina, Philip Immanuel und Laura Helene – auf der Insel getauft.

Johannes Rau empfand seine Aufenthalte auf Spiekeroog »wie nach Hause kommen«. Für ihn war die Insel »in ihrer Art absolut einmalig«, er fand dort die ersehnte »Ruhe und viele Freunde«. In seinem Stammlokal, der Dünenklause, ging er mehr als 25 Jahre lang ein und aus. (2016/2017 wurde das Lokal nahe seinem Ferienhaus zu mehreren Ferienwohnungen umgebaut.) Nach einer schweren Operation kam er zur Nachkur nach Spiekeroog und führte zwei Monate lang die Regierungsgeschäfte von der Insel aus.

Vielen Insulanern im Gedächtnis geblieben sind vor allem die ausgedehnten Strandspaziergänge der Familie Rau, bei denen Johannes Rau oft seinen »Elbsegler« (dunkle Mütze) trug und von »Scooter« begleitet wurde – jenem berühmten Riesenschnauzer-Mischling, der »als Hund eine Katastrophe, aber als Mensch große Klasse« war.

Adresse Rathaus, Westerloog 2 | **Zugang** Die Büste steht im Raum hinter der Eingangstür des Rathauses. | **Tipp** Wenige Schritte auf der Straße weiter westlich »weidet« die »Bunte Kuh« (Noorderloog 2). In dem Lokal kann man leckeres Eis aus normalen Hörnchen oder riesigen Butterwaffeln genießen.

43_Der Kaapdünenweg

Auf der Fährte des legendären Seezeichens

Am Nordostrand des lauschigen Friederikenwäldchens erhebt sich die bis zu 19 Meter hohe Kaapdüne. Benannt ist sie nach einem Kaap, einem Seezeichen für die Küstenschifffahrt, das einst auf der Kuppe der Düne stand und auch im Dorf weithin sichtbar war. 1912 zerbrach das damals morsch gewordene Kaap, einige Reste blieben aber noch viele Jahre erhalten.

Wer sich heute auf die Spuren des einstigen Inselcharakteristikums begibt, findet lediglich noch die Düne selbst sowie eine Straße mit entsprechendem Namen vor. Die Besichtigung letzterer ist insbesondere weniger gehfreudigen Seezeichen-Nostalgikern ans Herz zu legen. Der etwa 200 Meter lange Kaapdünenweg, der im östlichen Dorfteil ziemlich genau von Westen nach Osten verläuft, stellt den verlängerten Arm der Kaapdüne in Richtung Westen dar. Früher konnte man an diesem Ort eine hervorragende Sicht auf die Düne (mit und später ohne Seezeichen) genießen. Heute ist der einstige Dünenblick durch Häuser und Bäume versperrt.

Wer den Kaapdünenweg der Gegenwart durchschreitet, kann aber nicht nur den Erinnerungen an alte Tage nachhängen oder in schmucken Ferienwohnungen seinen Urlaub verbringen, sondern auch einige besondere Häuser aufspüren. Zu diesen Bauten gehört neben dem Posaunenhaus mit seiner bunten Geschichte (Nummer 6) auch ein ehemaliges Logierhaus der Insel (Nummer 2). Der hübsche, vollständig erhaltene eingeschossige Ziegelbau aus dem Jahr 1929 besitzt ein Gartengrundstück mit originaler Einfriedung.

Zu guter Letzt noch ein Kuriosum zur Schreibweise des Wegs: Während am Ostende der Straße das am Haus Nummer 2 angebrachte Schild einen Kapdünenweg (Kap mit einem »a«) ausweist, prangt auf dem offiziellen Straßenschild am Westende die mit zwei »a« geschriebene Variante. Verschwörungstheoretiker vermuten dahinter die Schlichtung eines linguistischen Streits, andere hingegen einen simplen Rechtschreibfehler.

Adresse Kaapdünenweg, im Osten des Dorfs | **Tipp** Am Ende der Straße in Richtung Osten freuen sich zwei Ruhebänke im Schatten von zwei groß gewachsenen Kiefern auf einen Besuch.

44_ Die Kaufunger Gedenktafel

Nordhessische Opfer auf dem Drinkeldodenkarkhof

Es war der 6. November 1854, als das Segelschiff »Johanne« von Geestemünde aus, dem heutigen Bremerhaven, in See stach. 216 Passagiere waren aufgebrochen, um in Amerika – der Zielhafen war Baltimore – ein neues Leben zu beginnen. Doch es kam alles ganz anders. Bereits kurz nach Fahrtbeginn zog ein schwerer Sturm auf, gegen den die dreimastige Bark nicht ankam. Nachdem das Schiff vom Wind vor den ostfriesischen Inseln eine Weile hin und her geschoben worden war, strandete es vor Spiekeroog auf einer Sandbank. Die Spiekerooger beobachteten das Unglück, konnten aber zunächst nicht helfen, da ein geeignetes Rettungsboot fehlte. Während der nächsten Niedrigwasser wurden die Menschen vom Schiff heruntergeholt und ins Dorf gebracht. Viele von ihnen waren schwer verletzt und wurden von den Spiekeroogern aufopferungsvoll versorgt. Für 78 Menschen – Männer, Frauen, Kinder und Säuglinge – kam jedoch jede Hilfe zu spät. Die Toten wurden nicht auf dem Friedhof der Alten Inselkirche beerdigt, da es dort keinen Platz für so viele Menschen gab. Stattdessen wurde in den Dünen am damaligen Nordostende des Dorfs ein neuer Friedhof angelegt, der Drinkeldodenkarkhof – ein Friedhof für die Ertrunkenen. Er wird von manchen auch als Friedhof der Heimatlosen oder Namenlosen bezeichnet.

Der einst einsam gelegene Drinkeldodenkarkhof liegt heute nordöstlich der Dorfmitte. An seinem Eingang wurde eine Informationstafel, auf dem Friedhof selbst ein Holzkreuz mit einem mächtigen Anker sowie eine kleine Gedenktafel angebracht. Sie wurde von der Gemeinde Kaufungen gestiftet und erinnert an sieben Menschen aus Oberkaufungen, die in Amerika ihr Glück versuchen wollten und daher die »Johanne« bestiegen: Anna Elisabeth Friedrich, August Jacob Friedrich, Carl Wilhelm Friedrich, Marie Elisabeth Vollmer, Friedrich Vollmer, August Vollmer und Anna Elisabeth Vollmer.

Adresse Drinkeldodenkarkhof, Tranpad 4 | **Tipp** Der letzte Zeitzeuge des Schiffsunglücks, die Glocke der »Johanne«, kann im Inselmuseum besichtigt werden (siehe Ort 30). Man sollte bedenken, dass der Friedhof eine Ruhestätte ist – und dass viele Tote auch unter dem täglich von vielen Menschen passierten Tranpad liegen.

45 Die Kiefernkränze
Kunst und Magie im Friederikenwald

Der Friederikenwald ist neben all seinen anderen Besonderheiten auch ein Ort der Kunst und der Magie. Am Rande des Wäldchens liegt nahe einer Weggabelung ein Platz, an dem ein oder mehrere unbekannte Künstler seit einigen Jahren einer meditativen Arbeit nachgehen und die meist zufällig Vorbeikommenden mit einem sich stetig wandelnden Kunstwerk überraschen. Im Herzen dreier eng beieinanderstehender Kiefern erschuf der Künstler zunächst einen mittig angelegten Kranz aus Kiefernhölzern, dessen Außenseite alle drei Baumstämme berührte. Seit einem unbekannten Tag im Frühjahr 2016 sind es drei Kränze, die jeweils einen Baumstamm umsäumen. Mit ineinander verschachtelten Zweigen sind die Kränze an ihren Seiten miteinander verbunden. Der Ort unter den Kiefern scheint nicht zufällig gewählt: Schamanen schreiben dem rechten Baum liebende, dem mittleren sehnsuchtsvolle und dem linken Baum unterstützende Eigenschaften zu.

Folgt man dem Pfad ein wenig weiter in den Wald hinein, stößt man auf zwei wunderschöne alte Schwarzkiefern. Sie werden von manchen auch als Wächterbäume bezeichnet und sollen seit Anbeginn ihrer Existenz ein Paar sein. Der rechte, »weibliche« Baum besitzt eine ausladende Statur mit weitverzweigtem Geäst, sein einige Meter weiter links am Pfad thronendes »männliches« Pendant ist deutlich schlanker.

Über das Alter der beeindruckenden Baumveteranen gibt es keine Informationen. Manche meinen, dass die prächtigen Gewächse deutlich älter als die umliegenden Bäume sind und dass ihre Samen bereits lange vor der Pflanzung des Wäldchens um 1865 mit dem Wind nach Spiekeroog getragen wurden. Damals gab es in Österreich und auf dem Balkan größere Schwarzkieferbestände (nicht jedoch in Deutschland). Möglich ist auch, dass die Samen der beiden Bäume durch den Kot von Vögeln nach Spiekeroog gelangten. Dies mutmaßen zumindest einige Ornithologen.

Adresse Friederikenwald, östlich des Dorfs | **Zugang** Dem Friederikenweg in den Wald folgen, dort auf dem großen Platz links, dem schmalen Weg durch die hohen Kiefern folgen, dann wieder links. Die Kiefernkränze liegen auf der rechten Seite des Pfads. | **Tipp** Zwischen den alten Kiefern kann eine prächtige Ameisenburg bestaunt werden. Entlang dem beschriebenen Weg zu den Kiefernkränzen passiert man eine Lichtung, die manche Wesen zum Tanzen verführen soll (»Elfentanzplatz«).

46_Das Kieselalgenfeld

... und der Queller – der Zauberort in der Leegde

Unterhalb des Pavillons am Wittbülten (siehe Ort 67) startet ein abenteuerlicher, mit grünen Pflöcken markierter Weg, der durch eine breite Flutmulde mit Salzwiesenpflanzen führt. Diese flache Senke, die sogenannte Leegde (plattdeutsch für Niederung), ist ein ehemaliger Meeresdurchbruch, der bei hohen Sturmfluten auch heute noch vollständig überflutet wird. Seit den 1990er Jahren bilden sich in der Mulde nasse, brackige Salzwiesen.

Bereits wenige Meter nach Betreten der Leegde mündet der Pfad in ein grau getünchtes Feld, auf dem man rasch seinen Halt verlieren kann. Die rutschige, karg anmutende Fläche besteht aus unzähligen einzelligen Organismen – manche von ihnen leben, andere sind schon seit vielen Jahren tot. Wer sich die kleinen Wesen unter dem Mikroskop anschaut, erblickt kunstvoll geformte Strukturen mit einer zweiteiligen Schale, die aus Kieselsäure besteht. Ihre äußere Struktur bleibt oft auch nach dem Tod der eigentlichen Zelle erhalten. Kieselalgen oder Diatomeen gehören zu den besterhaltenen Algenfossilien.

Ein besonders beeindruckendes Erlebnis ist das Kieselalgenfeld in der Leegde im Herbst, wenn sich der am Rande der Fläche gedeihende Queller von Grün über Gelb-Orange nach Tiefrot bis Purpur verfärbt. Die an ihren reduzierten Blättern leicht zu erkennende einjährige Pflanze erinnert ein wenig an einen säulenförmigen Kaktus. Sie gehört zu den typischen Salzwiesenpflanzen und Erstbesiedlern von Schlickböden und besitzt ein dickfleischiges, wasserspeicherndes Gewebe mit hohem Kochsalzgehalt. Im Herbst jedoch kann die Pflanze den Salzgehalt in ihrem Gewebe durch die Aufnahme von Wasser nicht mehr ausgleichen und stirbt.

Queller ist essbar und kann im Salat oder pur genossen werden. Man sollte jedoch auf den Geschmack der Pflanze vorbereitet sein. Nicht zu Unrecht wird der Queller auch als ostfriesische Salzstange bezeichnet.

Adresse nahe Nationalpark-Haus Wittbülten, Hellerpad 2 | **Zugang** vom Dorf über den Hellerpad, vorbei an der Hermann Lietz-Schule und dem Nationalpark-Haus bis zum Pavillon; von dort »bergab« dem geradeaus mit grünen Pflöcken markierten Weg folgen | **Tipp** Wendet man sich hinter dem Pavillon nach links, gelangt man an einen besonders idyllischen und nur wenig besuchten Abschnitt des Nordstrandes.

47___Das Kirchenfenster von Oll Kark

Die Kneipe am Platz des zweiten Inselkirchleins

Manche meinen, es sei tatsächlich ein uraltes Original: das Kirchenfenster in der rechten Seitenfassade der Kneipe Oll Kark (plattdeutsch für alte Kirche). Auch wenn das tatsächliche Alter des hübschen Fensters unbekannt ist: Es liefert ebenso wie der Name der Kneipe einen wichtigen Beitrag gegen das Vergessen dieses besonderen Platzes.

Dort, wo Frauke Kiesow zusammen mit ihrem Mann Christian Mitte 2015 mit viel Leidenschaft eine urige und ganzjährig zum Klönen und Schnacken einladende Kneipe eröffnete, wurde 1628 – nach anderen Angaben auch 1625 – die zweite Spiekerooger Kirche errichtet. (Die erste lag weit im Westen des einst untergegangenen ersten Dorfs.) Die am damaligen Ostrand des Dorfs liegende Kirche diente zugleich als Schule. In Balthasar Arends Landbeschreibungen vom Harlinger Land heißt es: »Anno 1620 haben die wenigen Einwohner auf dieser Insel zu allererst einen Schulmeister namens Folkert genommen, welcher ihre Kinder unterrichtet und des Sonntags ihnen aus einer Postil das Evangelium fürgelesen. Ums Jahr 1625 haben die damaligen 13 Haushaltungen eine Wohnung aufgerichtet, darinnen gepredigt worden, ein Pastor wohnen und Schul gehalten werden konnte.« Als erster evangelischer Pfarrer trat am 6. März 1630 Theodor Jemannus aus Jever seinen Dienst auf der Insel an. In der kleinen Kirche wurden 70 Jahre lang Gottesdienste abgehalten, danach wurde sie für die damals 110 Einwohner zu eng, und man errichtete die heutige Alte Inselkirche.

In der Kneipe selbst sind auch heute noch Teile der ursprünglichen Bausubstanz der Kirche zu erkennen. Als besonders schön wird von vielen Gästen empfunden, dass die Besitzer des Lokals die Geschichte des Ortes stichwortartig auf ihren Getränkekarten präsentieren.

Adresse Restaurant / Kneipe Oll Kark, Noorderloog 17, Tel. 04976/7063070 | **Öffnungs-zeiten** ganzjährig 14–24 Uhr | **Tipp** Im alten Gebälk der Kneipe sollte man nach Drachen Ausschau halten. Auch ein Toilettengang kann eine Überraschung bereithalten. Ein echtes Überbleibsel aus dem zweiten Kirchlein steht im Eingangsbereich der Alten Inselkirche: ein aus Strandgut gefertigter Opferstock aus dem Jahr 1676.

48 Die Kohhukdüne

Luftige Aussicht am einstigen Kuhstall

Einer der schönsten Aussichtsplätze auf Spiekeroog ist die 16 Meter hohe Kohhukdüne am östlichen Hellerpad. Weit reicht dort der Blick über die Dünenlandschaften der Insel und das Watt. Je nach Witterung, Jahres- und Tageszeit verändern sich die Bilder und Farben der Landschaft. Besonders eindrucksvoll sind die Krähenbeerenheiden, die wie große Teppiche vor allem die Nordhänge der Braundünen bewachsen. Sie verzaubern die Landschaft nördlich der Aussichtsdüne mit ihren dunklen, behaglichen Grüntönen. In den Teppichlücken lassen sich das ganze Jahr über Flechten und Silbergräser, aber auch Moose und Farne (vor allem der immergrüne Tüpfelfarn) bewundern. Die auf der Aussichtsdüne zu bestaunenden Farben der Landschaft reichen von Grün, Braun, Silbern bis hin zu Orange, Golden und Violett.

Die friesische Bezeichnung kohukdün bedeutet übersetzt Kuhstalldüne: Sie bildete einst eine große Mulde, in der das Vieh lagerte. Nach der napoleonischen Zeit hatte man den verarmten Insulanern die mit einer Grasnarbe überzogenen Ostdünen als Zufluchtsstätte für ihr Vieh überlassen, wenn dieses auf dem Heller (das Weideland südlich der Kohhukdüne) von Sturmfluten bedroht wurde. In den 60er Jahren des 19. Jahrhunderts wurde der Heller jedoch umzäunt, um ein Weiden des Großviehs in den Dünen zu verhindern. Da die Kühe an den Hängen die Grasnarbe durchtraten, richteten sie enorme Flurschäden an. Auch der Westhang der Kohhukdüne wurde völlig zertreten – noch bis 1960 hielt sich dort eine größere Windmulde.

Die heutige Begrünung der Kohhukdüne ist vor allem der Treppe zu verdanken, die über sie gebaut wurde. (Auf der Westseite der Düne können bis zur Aussichtsplattform 60 Stufen genussvoll begangen werden.) Gleichzeitig zum Treppenbau wurde die Mulde damals mit Strandhafer bepflanzt. Wenig später siedelten sich weitere Pflanzenarten wie die Kartoffelrose an und setzten dem Sandtreiben ein Ende.

Adresse südöstlich des Dorfs, nahe Hellerpad | **Zugang** Vom Dorf über den Hellerpad Richtung Nationalpark-Haus Wittbülten. Der linker Hand über die »Südostflanke« der Düne führende Treppenaufgang ist nicht zu übersehen. | **Tipp** Besonders reizvoll ist ein Ausflug zur Kohhukdüne bei starkem Wind (nicht jedoch bei schwerem Sturm oder Orkan): Dann kann man sich auf der Düne kräftig und nachhaltig durchpusten lassen. Achtung: Die Kohhukdüne wird von vielen Insulanern als »Düne 13« bezeichnet: Diese Höhe soll sie früher einmal gehabt haben.

49_ Der Kurpark

Vom Obstgarten zum heimeligen Rückzugsort

Sie ist eine von vielen glücklichen Inselfamilien: Vater Teichhuhn, Mutter Teichhuhn und ihre sieben bildhübschen Kinder. Einträchtig schwimmen sie über den Teich. Als eines der Kleinen den Verband verlässt, um ein Seerosenblatt zu erklimmen, beäugt es der Vater mit unverhohlenem Stolz. Teichhuhn auf dem Spiekerooger Kurparkteich zu sein gehört zweifellos zu den schönsten Geschenken eines Teichhuhn-Lebens.

Aber nicht nur Wasservögel, sondern auch Menschen finden im Spiekerooger Kurpark zahllose Rückzugs- und Wohlfühlorte. Gepflegte Blumenbeete, lauschige Ecken mit Ziersträuchern, verschlungene Pfade, die mit Stegen über kleine Wasserläufe führen, mit berührenden Worten gespickte Ruhebänke (siehe Ort 58), ein schattiger Spielplatz und natürlich auch der Teich selbst mit seinen einsehbaren und versteckten Ausbuchtungen verführen zum Träumen und Innehalten.

Der Ursprung des heutigen Parks ist ein im Jahr 1903 angelegter sogenannter Obst-Tuun: Damals wurde ein 2,2 Hektar großes Dünen- und Wiesenareal südlich des Gartenwegs (damals Gartenstraße) in Gemeinschaftsarbeit eingeebnet, mit einem Deich umgeben und parzelliert. An den Grenzen der Parzellen wurden Schwarzerlen gepflanzt, die Parzellen wurden an Pächter zur Nutzung zum Gemüse- und Obstanbau abgegeben. Im Frühjahr 1969 wurde in der Osthälfte des Terrains ein erster Kurgarten mit Blumenrabatten, Sitzgelegenheiten und verzweigten Gehwegen angelegt. Ausgelassene Volksfeststimmung herrschte auf Spiekeroog, als Johannes Rau am 9. Juli 1985 der Öffentlichkeit nach dreimonatiger Bauzeit einen völlig neu gestalteten Kurgarten übergab. Das Festprogramm hatte der Spiekerooger Musikverein mit volkstümlicher Blasmusik und zwei Tanzgruppen der Inselschule gestaltet.

Das heutige Erscheinungsbild des Parks beruht im Wesentlichen auf der Konzeption aus den 1980er Jahren.

Adresse südlich vom Gartenweg | **Tipp** Sommertags finden im Kurpark tolle Konzerte und viele andere beliebte Feste statt. Der beliebte Circus Tausendtraum gastiert im Sommer ebenfalls im Kurpark. Auf Spiekeroog lassen sich auch noch einige Obst-Tuuns entdecken, zum Beispiel am Friederikenweg nahe dem östlichen Dorfausgang.

50 Die Kussallee

Der Pfad der liebevollen Nähe

Der Blick in die Literatur zur Kussallee auf Spiekeroog ist ernüchternd. Die Informationen zu dem romantischen Pfad sind äußerst spärlich gesät. Das, was im deutschen Straßenkatalog lapidar als »83,54 Meter langer, allgemeiner Weg oder Pfad mit Kopfsteinpflaster« klassifiziert ist, ist in Wahrheit ein schmuckes kopfsteinpflasterloses Sträßchen, wo man sich seit jeher sehr liebevoll begegnet. Das sagen zumindest viele ältere Insulaner, wenn sie nach der Bedeutung des hübschen Pfads gefragt werden.

Früher, als im Gebäude des heutigen Kindergartens (siehe Ort 69) noch die Schule untergebracht war, war die Kussallee für viele Mädchen (und Jungen) Teil ihres Schulwegs. Nicht selten holte ein Junge seine Liebste an der Ecke Kussallee / Noorderloog ab – den Rest ihres Schulwegs gingen sie dann gemeinsam. Zu den Schönheiten des heimeligen Wegs gehören neben zwei alten Kastanienbäumen die den Weg säumenden Rhododendronbüsche, Kirschlorbeerhecken und Haus Heidefeld, ein bereits 1911 erbautes Insulanerhaus, in dem heute Ferienwohnungen untergebracht sind. Es heißt, dass nahe jenem Haus früher Efeuarten sprossen, die Admirale und andere Schmetterlinge anlockten – miteinander tanzende, sich im Flug berührende Schmetterlinge könnten der Straße ihren Namen gegeben haben. Auch existiert die Geschichte von einem Mann, der sich unsterblich in ein Kastanien suchendes Mädchen verliebte. Sie soll an der Kussallee jahrelang zur Herbstzeit aufgetaucht sein und die Kastanien in ihrer Schürze gesammelt haben. Eines Tages gestand er ihr seine Liebe. Den Namen Kussallee gab es allerdings schon vor der Zeit der beiden Kastanien. Bilder des kleinen Verbindungswegs zwischen Noorderloog und Süderloog existieren bereits aus der Zeit vor 1900.

Wer die Kussallee zum ersten Mal aufsucht, sollte sich an den nachfolgend angegebenen Eckpunkten orientieren – ein den Pfad bezeichnendes Straßenschild gibt es nicht.

Adresse Kussallee | **Zugang** Am Noorderloog zweigt die Kussallee gegenüber dem Schnieders Huus (Noorderloog 23) ab, am Süderloog tragen die neu erbauten Ferienwohnungen den Straßennamen als Namenszusatz. | **Tipp** Wem nach dem Besuch der Kussallee wider Erwarten kalt ums Herz ist, kann im Geschäft Luv und Lee (Süderloog 19) wärmende Kleidung ergattern – immerhin ein kleiner Trost.

51 Das Leitungswasser

(Un)getrübter Wohlgenuss dank Linse

Die Beschwerde landete umgehend an der Rezeption. Etwas sei mit dem Wasser nicht in Ordnung, klagte der verzweifelte Hotelgast. Das aus dem Hahn kommende Wasser sei trüb, und es bliebe sogar dann trüb, wenn es lange aus der Leitung liefe. Die Augen des Rezeptionisten verklärten sich indes schwärmerisch, und er erklärte dem verdutzten Gast die Geschichte vom »besten Wasser der Welt«.

Die Qualität des Spiekerooger Trinkwassers mit seiner leicht bräunlichen Einfärbung wird tatsächlich als hervorragend eingestuft. Das köstlich mundende und an Mineralien reiche Wasser stammt aus einer Süßwasserlinse, die den gesamten Wasserbedarf der Insel deckt. Dank der Linse verfügt Spiekeroog über eine eigene Wasserversorgung (und Entsorgung) und ist unabhängig vom Festland. Wasserleitungen zum Festland wie auf Baltrum oder Wangerooge gibt es nicht.

Das Trinkwasser wird über sechs Förderbrunnen, die im Dünengebiet nördlich des Dorfs liegen, aus der unter der Insel liegenden Linse gepumpt. Bevor es den Verbraucher erreicht, wird es im Wasserwerk belüftet. Hier werden auch Metalle wie Eisen und Mangan ausgefällt.

Gebildet wird die Linse durch Niederschläge. Das vornehmlich unter den hochdurchlässigen Dünen versickernde Süßwasser verdrängt dabei das Salzwasser, bis sich ein hydrodynamisches Gleichgewicht einstellt. (Süßwasser hat ein geringeres spezifisches Gewicht.) Das höchst sensitive Gleichgewicht ist durch die Veränderung natürlicher Faktoren und durch den Einfluss des Menschen gefährdet. Natürliche Faktoren sind beispielsweise Vegetation und Niederschlag, anthropogene Verunreinigungen an der Oberfläche und zu hohe Förderraten der Brunnen.

Jährlich werden auf Spiekeroog 140.000 Kubikmeter Wasser gefördert, das ist wesentlich weniger als auf Langeoog (330.000 Kubikmeter) oder Norderney (900.000 Kubikmeter!). Derzeit ist der Fortbestand der Spiekerooger Süßwasserlinse nicht in Gefahr.

Adresse alle wasserführenden Wasserhähne | **Tipp** Unter der Ostplate entsteht vermutlich eine weitere Süßwasserlinse. Wer mehr über die Position dieser Linse erfahren will, sollte im Inselosten nach Schilfpflanzen Ausschau halten: Schilf ist ein zuverlässiger Süßwasserindikator.

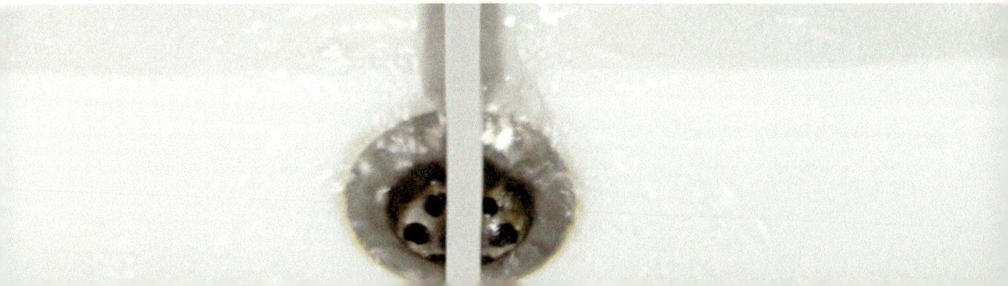

52 Die Lesehalle

Stille Ausblicke – und Riccolinos zweite Seite

Wen es an der Touristeninformation über den Noorderpad in Richtung Strand zieht, kann alsbald eine bezaubernde Sicht auf die Dünenlandschaft nördlich des Ortes genießen und dabei auch einen idyllisch auf dem Dünenkamm gelegenen Pavillon aufspüren. Der mit Holzbalken ausgekleidete Raum ist ein heimeliger Rückzugsort, an dem man nicht nur Bücher lesen kann, sondern auch die Stille der Inselschönheit wahrnehmen oder zu sich selbst finden kann. Darüber hinaus bietet die Lesehalle natürlich einen sicheren Schutz vor Wind und Regen.

Die heutige Lesehalle ist noch nicht sehr alt: Der ursprünglich 1931 an gleicher Stelle errichtete Pavillon wurde 1987 durch Brandstiftung zerstört. Früher lagen in der Lesehalle im Sommer viele Tageszeitungen aus; oft wurden sie in Paketen direkt vom Flugzeug abgeworfen. Wer heute in Printmedien schmökern möchte, zieht sich meist in den Leseraum der Kogge zurück.

Neben Stille, Romantik und einer wundervollen Aussicht werden in der Lesehalle auch Veranstaltungen geboten. Eine besonders berührende ist die des Liedermachers Gerhard Pleus, der den meisten Menschen auf Spiekeroog als Clown Riccolino bekannt ist. Wenn der sommertags durch seine Späße am Strand beliebte Künstler zur Gitarre greift und in der Lesehalle ohne Strom und Mikrofon ehrlich und emotional über Kinderträume, persönliche Erlebnisse, Spiekeroog und das Leben singt, sind viele Zuhörer tief bewegt. Pleus' Konzerte kosten keinen festen Eintritt, weil er sie mit seiner Philosophie des Teilens verbindet. (»Ich gebe meine eigene Musik und bekomme, was gegeben wird.«)

Zu den beliebten Veranstaltungen in der Lesehalle gehören auch Erzählungen und Gedichte bei Wein und Kerzenschein in den Abendstunden der kälteren Jahreszeit. Zaubereien des Circus Tausendtraum (siehe Ort 60) sind ebenfalls in der Lesehalle zu bestaunen.

Adresse Noorderpad zwischen Kogge und Evangelischem Jugendhof | **Öffnungszeiten**
April–Okt. meist 10–18 (20) Uhr, im Winter außerhalb von Veranstaltungen geschlossen,
Infos zum Künstler unter: www.Liederhaus.de.tl, https://riccolino.de.tl/CLOWN-
RICCOLINO.htm | **Tipp** Eine faszinierende Veranstaltung ist die regelmäßig am Lese-
pavillon beginnende literarische Mondscheinwanderung: ein kleiner Inselrundgang mit
Pausen für Gedichte und Kurzgeschichten. Alle Termine können den jeweils aktuellen
Veranstaltungskalendern entnommen werden.

53_ Der Leseraum

Begegnungen, die in Stille entstehen

Der Spiekerooger Leseraum hat viele Gesichter. Diejenigen, die sich mit der Nase abwärts hinter den ausliegenden Zeitungen verbergen, beäugen die neu in den Raum Eintretenden meist mit Skepsis – vor allem dann, wenn sie ihnen fremd sind. Greift sich der Neuling schweigend oder mit einem knappen »Moin« seinen Laptop oder eine ausliegende Zeitung, beruhigt sich die Szenerie – und die Lesenden tauchen wieder vollständig in ihre Zeitungen ein.

Mehr Worte braucht es nicht, es ist ja auch ein Leseraum. Kleinere Reizklimata entstehen nur an heißen Sommertagen, wenn Touristen im Abstand weniger Minuten nach den Toiletten fragen. Die Toilettenräume, die wie der Leseraum zur Kogge und damit zum touristischen Zentrum Spiekeroogs gehören, sind vom Leseraum aus zu erreichen. Und das sind sie auch, wenn die Kogge bereits geschlossen hat – der Leseraum verfügt über einen eigenen Eingang.

Wer sich im Leseraum häufig aufhält, kann dort eine Menge spannende Dinge erfahren. Abgesehen davon, dass der Raum urgemütlich ist und man dort tatsächlich hervorragend lesen und sogar arbeiten kann – neben Sofa, Sessel, Stühlen und Tischen mit diversen Zeitschriften und Zeitungen (regional und überregional) gibt es einen mit Kriminalromanen und Lexika gut gefüllten Bücherschrank sowie einen kostenlosen Internet-Gastanschluss –, entsteht mit der Zeit eine stillschweigende Übereinkunft mit anderen Nutzern, selbst mit den strengsten Lesern im Raum. Deren »Moin« wird mit der Zeit freundlicher und früher oder später durch ein gefälliges Kopfnicken ergänzt. In kreativen Schaffenspausen kommt man miteinander beim Kaffee oder einem Stück Sanddorntorte im gegenüberliegenden Café oder vor dem Eingang des Raumes ins Gespräch.

Im Spiekerooger Leseraum wurde vor allem in Schlechtwetterperioden schon so manche Freundschaft geknüpft – es muss nur lang genug regnen.

Adresse Kogge, Noorderpad 25, Erdgeschoss, separater Eingang | **Öffnungszeiten** ganzjährig geöffnet, April–Sept. 9–20 Uhr, Okt.–März 9–18 Uhr | **Tipp** Es lohnt sich, auch einmal die Wand des Leseraums zu beäugen: Dort prangen silberne Teller, eine alte Karte der ostfriesischen Inseln und ein Wandbild mit einem berühmten Spiekerooger Heimatlied: »Kennst du unsere Insel, unser Spiekeroog? Hoch im deutschen Norden, Ost- und Westerloog?«

54_Die letzte Küchenpension
Die Haus-WG für eine kurze Zeit

Noch in den 1980er Jahren gehörten sie zum typischen Bild Spiekeroogs: Pensionen, deren Küche sowohl die Vermieter als auch die Gäste nutzten. Diese »Haus-Wohngemeinschaften«, die meist auch über eine oder mehrere gemeinschaftlich genutzte Toiletten und einen wahlweise zum Aufenthalt oder Speisen genutzten Raum verfügten, wurden mit der Zeit jedoch immer seltener.

Die heute einzige offiziell verbliebene (im Gastgeberverzeichnis aufgeführte) Küchenpension auf Spiekeroog wird von einer lebensfrohen und sehr herzlichen Insulanerin geleitet. Hannelore Göken kam am 1. August 1937 im Hause des heutigen Restaurants »de Balken« zur Welt. Ihren Mann Theodor, einen begnadeten Harmonium-Spieler und klassischen »Beute-Insulaner« aus Neuharlingersiel, lernte sie im Februar 1954 im ehemaligen Sporthotel Günsel kennen. Die leidenschaftliche Theater-Spielerin spielte an jenem Abend die Rolle des »Verlegenheitskindes«. Am 19. April 1958 heirateten die beiden und erbauten noch im selben Jahr das heutige Haus am Ostend. Bereits im Sommer 1961 wurde erstmals an Gäste vermietet, die (damals wie heute) drei Doppelzimmer im Obergeschoss oder ein größeres im Erdgeschoss beziehen konnten. Im Gegensatz zu heute blieben die Menschen in den Anfangsjahren meist wenigstens vier Wochen. In der ersten Woche ging man nur selten zum Strand. Man blieb im oder in der Nähe des Hauses oder flanierte im Dorf, wo man schick gekleidet um die Mittagsstunde essen ging. Einmal in der Woche kredenzte Frau Göken in der Pension »Seezungen satt«, eine Art »All you can eat« im Plattfisch-Format. Alte Besucher schwärmen noch immer von diesem Festmahl.

Wer heute im Haus der Familie Göken verweilt, trifft auf Gäste jeden Alters und erlebt ein wohltuendes, buntes Miteinander. Neben der Herzlichkeit der Vermieter kann man sich im Haus auch an kreativen Blumengestecken, Teddybären und Miniaturelefanten erfreuen.

Adresse Hannelore und Theodor Göken, Ostend 9, Tel. 04976/1438, Näheres im Gastgeberverzeichnis unter »Privatvermieter mit Küchennutzung« | **Tipp** Wenige Meter vom Haus entfernt liegt das lauschige Tranpadwäldchen, in dem man die Zeit vergessen und wunderbar träumen kann. Die früher regelmäßig gegenüber dem Haus brütende Waldohreule hat inzwischen leider einen anderen Nistplatz bezogen.

55__ Die Löffler-Kolonien

Eine der größten Populationen und die Dame HK

Sie sind wunderschön anzusehen. Wer vom Pavillon im Osten seinen Blick mit einem Fernglas über die Salzwiesen der Ostplate schweifen lässt, kann die Hauptkolonie der Löffler entdecken. Erst zur fortgeschrittenen Brutzeit darf man darauf hoffen, aus geringerer Entfernung im Watt südlich des Ostergroens die prächtigen Vögel bei der Nahrungssuche zu genießen.

Der weiße Schreitvogel mit den langen schwarzen Beinen erinnert so manchen an einen Reiher oder gar tropischen Vogel. Löffler fliegen im Gegensatz zu Reihern jedoch mit ausgestrecktem Hals. Ihre auffälligsten Kennzeichen sind der nicht zu übersehende Schopf auf dem Kopf sowie der platte und vorne löffelartig verbreiterte Schnabel, mit dem sie durch seitwärts pendelnde Bewegungen Kleintiere aus dem Flachwasser fischen.

Noch vor mehreren Jahrzehnten war der Löffler in Europa vom Aussterben bedroht. Eine der letzten Kolonien lebte damals an der österreichisch-ungarischen Grenze am Neusiedler See. Einige Tiere fassten jedoch an der niederländischen Küste Fuß, von wo aus sie sich weiter in Richtung westfriesische Inseln und dann bis hin zu den ostfriesischen Inseln ausbreiteten. Im Jahr 2000 wurden die ersten beiden Paare auf Spiekeroog gesichtet. Inzwischen ist der Löffler auf Spiekeroog so häufig wie fast nirgendwo sonst: Seit einigen Jahren liefern sich die schönste der Ostfriesischen Inseln und die zu Borkum gehörende Insel Memmert einen Wettkampf um die größte deutsche Population. Zumindest 2015 ging Spiekeroog als Sieger vom Platz.

Wer ein Spektiv, also ein sehr starkes Fernglas, besitzt, kann auf Spiekeroog mit Glück eine mit den Buchstaben HK beringte Löffler-Dame entdecken. Die 1998 auf Terschelling geborene und in Spanien aufgewachsene Vogelfrau nahm Flüge bis hinauf nach Malmö in Kauf, bis sie ihren idealen Nestplatz auf Spiekeroog fand. Inzwischen gehört HK zu den ältesten bekannten Löfflern.

Adresse Ostplate, Watt südlich Ostergroen | **Zugang** Ostplate-Pavillon: vom Dorf über den Hellerpad, vorbei an der Hermann Lietz-Schule und dem Nationalpark-Haus; der Pavillon liegt wenige Meter weiter östlich; Watt südlich Ostergroen: dem Hellerpad über das Dorfende hinaus, danach dem rechtsseitig zurückweichenden Zaun folgen | **Tipp** Um den Löfflern südlich des Ostergroen zu begegnen, ist vor allem der Sommer bis Ende September gut geeignet. Im Winter zieht es die Spiekerooger Löffler nach Südspanien oder Mauretanien. Eine Rundwanderung durch das abgeschiedene Ostergroen, durchweht von frischer Seeluft, ist Balsam für die Seele.

56 Der magische Pavillon

Die Zauberin im Regen

Dort, wo sich die Straßen Westerloog, Noorderloog und Süderloog begegnen, um die Menschen in die verschiedenen Himmelsrichtungen der Insel zu geleiten, dort, wo nahebei tagaus, tagein leidenschaftlich mit Worten gerungen wird und Beschlüsse geboren werden, dort, wo ringsum aufgestellte Bänke die Menschen zur Rast und Einkehr bewegen, und dort, wo die Spiekerooger Männer Jahr für Jahr mit vereinter Kraft einen mächtigen Maibaum aufrichten, steht ein ganz besonderer Pavillon.

Der nur wenige Schritte vom Rathaus entfernt liegende Bau gewährt Schutz vor Regen und Wind und ist in den Mittags- und Abendstunden ein beliebter Treffpunkt für Gäste und Insulaner. Darüber hinaus ist er aber auch der Mittelpunkt einer romantischen Geschichte. Man sagt, dass es dort früher – manch einer glaubt sogar noch heute – an Sonntagen zur mitternächtigen Stunde zu Begegnungen mit einer wunderschönen Zauberin kam. Der Überlieferung nach begegnete sie den Besuchern des Pavillons in Menschengestalt und besonders gern an warmen Regentagen. Saphirgrün bis tiefblau schimmernde Augen, blondes, langes und unendlich feines Haar, in dem unzählige Sandkristalle glitzerten, ein liebendes, tanzendes Herz und eine unendliche Tiefe und Schönheit sollen ihr zu eigen gewesen sein. Alle, die sie trafen, berichteten davon, dass sie einen funkelnden Stern bei sich trug. Niemand weiß, warum sie gerade dort auftauchte und warum sie die Menschen und den Regen so liebte. Die gemeinsame Zeit mit den Menschen soll sie gern schweigend verbracht haben, bevor sie barfuß im Vorhang des Regens verschwand. Ihr Stern hinterließ in der Dunkelheit stets ein warmes Leuchten, das sich für einen Augenblick mit den Wolkenwässern zu einem Meer schwirrender Lichter verband. Man sagt, dass man eine Begegnung mit ihr für immer in seinem Herzen bewahrte. Oder vielleicht bis heute bewahrt?

Adresse Pavillon am Rathausplatz, Westerloog 2 | **Tipp** Wenige Meter neben dem Pavillon gedeiht ein uralter, geschützter Rotdorn, der mit der schönen Zauberin eine innige Freundschaft geteilt haben soll (oder immer noch teilt?). Leider wird er bisweilen als Kletterbaum missverstanden. Im Herbst und im Winter können rund um den Pavillon faszinierende Pilze bestaunt werden: Es sind Erdsterne. Ob zwischen den seltenen, an weit aufgeblühte Blumen erinnernden Pilzen und dem funkelnden Stern der Zauberin eine Verbindung besteht, ist unbekannt.

57 Das Melksett-Dreieck

Die verschwundene Melkstelle

Wer erstmals am Hafen von Spiekeroog eintrifft, nimmt die ersten zwei am Dorfrand nach links abzweigenden und sich kurz darauf vereinigenden Sträßchen kaum wahr. Ein paar inseltypische Häuschen mit schicker Begrünung, ein kleines Weideland im Straßendreieck, ein hübscher Spielplatz in Richtung Deich und ein Lebensmittelmarkt am Ende der Straße, das ist das heutige Gesicht des winkelförmigen Melksetts. Doch vor noch gar nicht langer Zeit war alles ganz anders.

Ursprünglich bezeichnete das Wort »melksett« vermutlich den Ort für ein Milchgefäß, an dem die Milch Zeit zum Rahmen hatte. An der durch den Richeldeich im Osten und den Polderdeich im Norden gebildeten »Melkstelle« wurden bis in die 1960er Jahre hinein im Sommer die Kühe gemolken – täglich um 6 Uhr und um 18 Uhr. Häuser gab es zu jener Zeit nicht, die Bebauung der Melkstelle setzte erst 1977 ein. Nach dem morgendlichen Melken und Herdenauftrieb durch den »Kohjung« weideten die 60 bis 100 schwarz-weißen Kühe vor allem auf dem Wester- und Südergroen, also auf den weitflächigen, von Prielen durchzogenen Weiden westlich des heutigen Hafens. Nachts mussten die Kühe mit einem eingezäunten Gebiet auf dem Ostergroen vorliebnehmen. Das Melksett war zur Melkzeit ein wichtiger Treffpunkt und kommunikativer Ort: Neueste Inselnachrichten machten dort schnell die Runde. Sofern kein »Kohjung« zum Kühehüten zur Verfügung stand, war jeder Inselbewohner, wenn er Kühe oder Schafe besaß, zum Hüten und Auftreiben verpflichtet.

In Erinnerung geblieben ist das Melksett aber auch wegen des spektakulären Deichbruchs im Winter 1962, als Ausgangs- und Endpunkt der traditionellen Klootschießer-Feldkämpfe, als gemeinschaftliche Feuerstätte, als Ausschwärmort für gut durchdachte Kinderstreiche und als Luftpost-Sammelplatz: In den 1930er Jahren warf dort ein Flugzeug regelmäßig Pakete mit den neuesten Zeitungen ab.

Adresse Melksett, südlicher Dorfrand | **Tipp** Die letzte Milchkuh verließ Spiekeroog 1970. Vollends verzichten auf die liebenswerten Wiederkäuer muss man aber auch auf Spiekeroog nicht: An der Hermann Lietz-Schule lässt sich bisweilen eine Herde Galloway-Rinder beobachten.

58 Die Messingschildchen

Auf den Bänken (k)lebt ein Stückchen Ewigkeit

Wer sich auf Spiekeroog ausruhen mag, findet an vielen Wegen gemütliche Bänke. Vor einem Jahrzehnt war dies jedoch noch nicht der Fall. Um den Mangel an öffentlichen Ruhebänken zu beheben, wurde beschlossen, dass Interessenten Banken stiften können. 390 Euro kostete solch ein Ruheplatz, Messingplakette inklusive. Auf den Schildchen, die an die Rückenlehne der Bank geschraubt wurden, durfte man seinen Namen und eine persönliche Notiz hinterlassen. Die Idee wurde von Urlaubern, Insulanern und Unternehmern mit Begeisterung aufgenommen. Zwischen 2009 und 2016 wurden mehr als 50 Ruhebänke, meist in dezentem Rotbraunton, an den Inselwegen aufgestellt. Dort stehen die Bänke, bis sie verrotten. Etwa alle zehn Jahre muss eine Spenderbank durch eine neue ersetzt werden.

Unter den Worten auf den Schildchen sind einige, die die Insel selbst würdigen (»Beste Insel vonne Welt«), andere sprechen Dankbarkeit und Freude aus (»20 Jahre Liebe und täglich mehr«), wieder andere sind philosophisch (»Lege von Zeit zu Zeit eine Rast ein und warte, bis dich deine Seele wieder eingeholt hat.«) oder rätselhaft (»Dohoggediadiaemmerdohogged«). Besonders berührend sind jene Plaketten, die an einen verstorbenen Menschen erinnern, mit dem man eine gemeinsame Zeit auf der Insel teilte oder der diese Insel sehr liebte. Auf einer Holzbank am neuen Rettungsschuppen findet man neben der Gravur im Messingschild (»In Erinnerung an Frank Schulz (Scholli) – Deine Familie und deine Freunde«) sogar eine zweite, die in das Holz der Bank eingelassen wurde: »Hier warst du immer glücklich.«

Doch es gibt auch eine unschöne Fußnote: Ab und an tauchen auf Spiekeroog Plaketten abschraubende Diebe auf. Dies war beispielsweise im Juni 2015 der Fall, als am Tranpad gleich an sieben Bänken die Schilder abmontiert wurden. Wofür die Messingjäger die persönlichen Botschaften benötigen, ist rätselhaft.

Adresse Die meisten Ruhebänke mit interessanten Inschriften gibt es im Kurpark südlich des Gartenwegs. Weitere Ruhebänke mit vielsagenden Botschaften findet man entlang dem Tranpad und dem Hellerpad sowie am Zeltplatz. | **Tipp** Wer selbst eine Bank stiften möchte, kann sich bei der Touristeninformation auf eine gut gefüllte Warteliste setzen lassen – der Preis für eine Bank beträgt inzwischen 490 Euro (Stand: Frühjahr 2018).

59_ Der Messpfahl im Watt

Forschung bis zum Meeresgrund

An der Südwestspitze Spiekeroogs erhebt sich etwa 100 Meter vor dem Ufer ein sonderbarer Pfahl aus dem Meer. Die leuchtend gelbe Stahlkonstruktion ist schon bei der Anreise mit der Fähre gut zu erkennen und löst bei so manchem Gast Verwunderung oder munteres Rätselraten aus. Um es vorwegzunehmen: Es handelt sich bei dem Pfahl weder um einen avantgardistischen Leuchtturm noch eine farbenfrohe Bohrinsel oder gar einen exklusiven Abenteuerspielplatz, sondern um eine wissenschaftliche Forschungsstation. Sie entstand im Jahr 2002, nachdem die Deutsche Forschungsgemeinschaft am Institut für Chemie und Biologie des Meeres (ICBM) an der Universität Oldenburg die Forschergruppe »BioGeoChemie des Watts« eingerichtet hatte.

Der gelbe Pfahl ist eine Dauermessstation, in der das ganze Jahr über chemische und physikalische Daten aus dem Spiekerooger Rückseitenwatt gesammelt und an die Forscher des ICBM – Geochemiker, Mikrobiologen, Physiker und mathematische Modellierer – weitergeleitet werden. Mit Hilfe der Daten sollen die Wechselwirkungen zwischen den physikalischen Kräften und dem Ökosystem Watt besser verstanden und Prognosen über die Zukunft der Nordseeküste in Zeiten des Klimawandels ermöglicht werden.

Die Messstation im Spiekerooger Watt ist weltweit einzigartig: Sie ist im Inneren bis zum Meeresboden begehbar und erlaubt durch eingebaute Durchflussrohre Messungen in jeder Wassertiefe. In der Station werden kontinuierlich Wasserstand, Wellenhöhe, Richtung und Geschwindigkeit der Strömung, Wassertemperatur, Salz- und Nährstoffgehalt, Trübstoffe und meteorologische Daten gemessen. Im Gegensatz zu Forschungsschiffen können die Messungen im Messpfahl selbst bei schweren Stürmen und eisbedeckter See erhoben werden. Bei extremen Wetterlagen sind solche Informationen besonders interessant, da sich dann zum Beispiel entscheidet, ob das Watt Schlick verliert und sandiger wird.

Adresse Watt südwestlich der Insel, südlich Hessenwand | **Zugang** zum Beispiel hinter dem Dünendurchgang am Laramie (Westend 5) links, an Spundwand und Hessenwand vorbei | **Tipp** Westlich des Hafens kann man im Watt das Wattleben simulierende Miniaturwelten der Universität Oldenburg erspähen.

60_ Der Mitmachzirkus

Die bunte Welt des Circus Tausendtraum

Konzentriert balanciert das kleine Mädchen auf dem straff gespannten Seil. Immer dann, wenn es brenzlig wird, reicht ihr jemand eine hilfreiche Hand. Als sie es geschafft hat, brandet Applaus auf. Strahlend zieht sie sich hinter die Lichterkegel der Manege zurück. Die Abschlussaufführung vor Eltern und Urlaubern ist das Highlight beim Mitmachzirkus des Circus Tausendtraum, bei dem jedes Jahr Kinder in die Rolle von Artisten schlüpfen.

Spiekeroog ist die einzige ostfriesische Insel mit eigenem Inselzirkus. Der in Soest beheimatete Zirkus ist durchschnittlich 15 Wochen im Jahr auf der Insel zu Gast. Im Sommer leuchtet das blau-gelbe Zirkuszelt im Kurpark, in den Oster- und Herbstferien finden die Veranstaltungen meist in der Kogge statt. Neben normalen Zirkusaufführungen und dem Mitmachzirkus für 6- bis 15-jährige Kinder präsentieren die Tausendträumer, die den Wünschen von Kindern gerecht werden und ihre Persönlichkeit stärken wollen, auch einen Mitmachzirkus für die Kleinsten (Zwergen-Zirkus für 4- bis 6-Jährige), einen Flohzirkus und Spielfeste.

Geboren wurde die Welt des Circus Tausendtraum im Jahr 1999, als Georg Feil, der Leiter des früheren Kindererholungsheims Stranddistel, den damals noch unter dem Namen Circus Balloni auftretenden Zirkus auf die Insel lotste, um im Kurpark für die Kinder aus dem Heim aufzutreten. Ein Jahr später kam der Zirkus wieder auf die Insel; der damalige Kurdirektor Arno Kuhlmann hatte die Soester für die Inselhalle engagiert. Doch diese brannte kurz darauf mitsamt den in ihr lagernden Zirkus-Utensilien ab. In Kooperation mit der Kurverwaltung schaffte sich der Zirkus ein eigenes Zelt an, das in der Saison 2015 durch ein neues ersetzt wurde.

Der klangvolle Zirkusname geht übrigens auf einen Kindertraum seines Direktors David Selle zurück: Er träumte von einem Ort, an dem sich Kinderwünsche tausendfach erfüllen. Dass dieser Traum auf einer traumhaft schönen Insel realisierbar war, ist besonders schön.

Adresse Sommer: Zelt im Kurpark, Winter: Kogge, Noorderpad 25 | **Öffnungszeiten** Gastspielzeiten des Zirkus unter www.tausendtraum.de. Für den Mitmachzirkus (1,5 Tage, 45 Euro) ist eine Anmeldung erforderlich.

61 Morgenspaziergänge

Sabine Hansen und die kleinen Wunder in den Dünen

Eine Frau mit schlohweißem Haar geht schweigend durch das Tranpadwäldchen. Der Boden unter den hohen Kiefern ist weich, nur ein paar Baumwurzeln berühren die Schuhe der kleinen Menschenstraße. Die Fußpaare folgen leise der Frau, deren Temperament und Lebensfreude hinter dem Wäldchen das Schweigen bricht.

Das meditative Gehen durch das ruhige Tranpadwäldchen gehört zu den schönsten Abschnitten des 90-minütigen Inselausflugs, den Sabine Hansen als Morgenspaziergang durch Spiekeroogs zauberhafte Dünenlandschaft bezeichnet. Dass diesen Zauber nahezu jeder zu fühlen vermag, liegt nicht nur an der Schönheit der Insel, sondern auch an der Liebe Sabine Hansens zu all den Wesen und Dingen, über die sie spricht. Ob Maus, Flechte, Busch oder Baum: Sabine Hansen sieht die Schönheit im Kleinen und lässt Realität und Phantasie durch ihren warmherzigen Blick ineinanderfließen. So führt sie ihre Besucher nicht nur auf die Kohhukdüne und in ihr geliebtes Sonnentauwäldchen (nach dem sie auch ihr Haus benannte), sondern zeigt auch ihre Lieblingsbank über dem Wäldchen, die jedes Jahr ein bisschen mehr aus dem Sand herauszukommen scheint. Sie kennt Orte, die Elfentanzplätze und alte Grabstätten sein könnten, führt ihre Besucher aber auch zu »etablierten« mystischen Plätzen (siehe Ort 45). Ihre Spaziergänge sind bewusst unspektakulär und gleichzeitig auch das Gegenteil – Sabine Hansen zeigt, dass alle Dinge in der Natur etwas Besonderes sind.

Es war im Juni 1983, als die gebürtige Berlinerin, ihr Mann Burkhard und ihre zwei Kinder zum ersten Mal Spiekeroog besuchten. Während ihres dreiwöchigen Aufenthalts präsentierte sich die Insel in voller Schönheit – mit täglichem Sonnenschein und nächtlichem Regen. Nach immer häufigeren und längeren Spiekeroog-Aufenthalten mit kleinen Winterzwischenzeiten in Berlin lebt die Familie seit 1995 auf der Insel.

Adresse Ausgangspunkt für den geführten Spaziergang ist die Infotafel an der Kreuzung Tranpad / Slurpad / Bi d'Utkiek. | **Termine** im aktuellen Veranstaltungskalender, meist Mi um 10 Uhr (Kosten 3,50 Euro) | **Tipp** Sabine Hansen ist Entspannungspädagogin, Kursleiterin für Meditation und Reiki-Meisterin. Sie bietet auch einen ausschließlich meditativen Morgenspaziergang an. Infos unter Tel. 04976/706819.

62 Der neue Rettungsschuppen

Wo Turmfalken und Zeltplatzwart zu Hause sind

Spiekerooger Zelter kennen es alle: das auf einer kleinen Anhöhe einzeln stehende Haus im Inselwesten. Dort, am Sitz der Zeltplatzverwaltung und im Dienstgebäude des Zeltplatzwartes, meldet man seinen selbst bedachten Urlaub an, knüpft erste Kontakte oder feiert unter den aufmerksamen Augen der brütenden Falken ein unverhofftes Wiedersehen mit den im letzten Jahr gewonnenen Freunden. Rund um das Haus aufgestellte Holzbänke, auf denen in plattdeutscher Sprache eingravierte Sprüche von der Liebe zu Spiekeroog erzählen, heißen die Neuankömmlinge willkommen.

Das auffällige Haus am westlichen Ausläufer der Lüttjeoog-Dünen wurde 1909 annähernd 60 Jahre nach dem ersten Rettungshaus (siehe Ort 3) als zweiter (neuer) Spiekerooger Rettungsschuppen von Mitarbeitern der Deutschen Gesellschaft zur Rettung Schiffbrüchiger (DGzRS) errichtet. In den mit Schiefer gedeckten Ziegelbau wurden in Lisenen, also pfeilerartige, vertikale Mauerstreifen, gerahmte Wandfelder, flache Rundbogen und Kreisfenster eingearbeitet. Wegen seiner sakralen Elemente erinnert das Haus so manchen an eine Kirche.

Früher lagerte im Rettungsschuppen ein Rettungsboot auf fahrbarem Untersatz. Dieser wurde im Notfall von einem oder mehreren Pferdegespannen über die Wattwiesen zum Südstrand gezogen und dort zu Wasser gelassen. Die Geschichten rund um »Alexander« und »Walter Wolfgang Ernst«, die beiden letzten im neuen Rettungsschuppen stationierten Ruderrettungsboote, sind in den Herzen älterer Insulaner unvergessen.

Bevor der Rettungsschuppen zur Heimat rot-braun berückter, taubengroßer Greifvögel und eines hilfsbereiten Zeltplatzwartes wurde, musste er einige brenzlige Situationen überstehen. So wurde das Gebäude im Zweiten Weltkrieg von den Kanadiern beschossen. 1948 wurde Spiekeroog als Rettungsstation aufgegeben.

Adresse Palisadendiek 5, kurz vor dem Zeltplatz | **Zugang** über Westend und Palisadendiek | **Tipp** Bei einem Spaziergang entlang dem zum neuen Rettungsschuppen und Zeltplatz führenden Sträßchen kann man sich an historische Begebenheiten erinnern (siehe Ort 86), seinen Blick über die Insel schweifen lassen oder spannende Gespräche mit (zunächst) fremden Menschen beginnen.

Hie bün ek am leevsten

63 Der neutrale Strand

Pufferzone zwischen Herren- und Damenbadestrand

Auf Spiekeroog sollte man sich einen Besuch eines außergewöhnlichen Strandabschnitts nicht entgehen lassen, der früher als »neutraler« Strand oder »neutrale« Zone bekannt war. An dem wenig besuchten, wunderschönen Strand im Spiekerooger Westen lässt sich nicht nur tagsüber herrlich träumen und entspannen. Besonders romantisch ist es dort auch zur nächtlichen Stunde, wenn im und über dem Meer eine Unzahl an Lichtern funkelt. Während manche Menschen vor allem die in der Ferne blinkenden Seezeichen und ausdauernden Lichter der Schiffe bestaunen, fasziniert andere das Leuchten des Meeres. Vor allem in den Sommermonaten bilden eine ganze Reihe unterschiedlicher Wesen, darunter auch Quallen, in Strandnähe ein weißlich bis bläulich schimmerndes Licht. Wer sich zum ersten Mal zum neutralen Strand begibt, sollte dies allerdings besser im Rahmen einer Nachtwanderung oder bei Tage tun. Abgesehen von einem steingepflasterten Querweg kann man am neutralen Strand auch über Schlicklöcher »stolpern«: Solche feuchte Mulden können den Einsinkenden gehörig erschrecken.

Mit dem neutralen Strand war früher so manches Erlebnis verknüpft. Der um 1850 etwa 500 Meter breite Sandstreifen war gewissermaßen eine Pufferzone zwischen dem im Westen angrenzenden Herrenbadestrand (in Höhe des heutigen Old Laramie) und dem östlich angrenzenden Damenbadestrand (westlich vom Damenpad). Damit sowohl Männer als auch Frauen an ihrem Strand unbeobachtet vom anderen Geschlecht baden konnten, war das Betreten der Strände durch das jeweils andere Geschlecht strengstens untersagt. Mehrere mit Stöcken bewaffnete Badewärterinnen sorgten dafür, dass das Verbot auch beachtet wurde. Insbesondere Jungen versuchten jedoch oft, durch die »neutrale« Zone in Sichtweite des Damenbadestrandes zu robben — wo sie dann von den Badewärterinnen vertrieben wurden.

Adresse Strandabschnitt nördlich vom Rabenhain | **Zugang** zum Beispiel durch den Rabenhain und über die sich nördlich anschließende Dünenkette oder den Damenpad bis zum Strand hinab, dann links (in Richtung Westen) oder hinter dem Dünendurchgang am Laramie rechts (Richtung Osten) | **Tipp** Beim Versinken in einem Schlickloch keine Panik: Die Selbstbefreiung ist möglich und erfolgreich.

64 Der ökumenische Kirchenstrandkorb

Zwischen Wanderkorb und Begegnungsstätte

Noch vor wenigen Jahren wanderte auf Spiekeroog ein gemütlicher rot getünchter Strandkorb zwischen der katholischen Kirche Sankt Peter (siehe Ort 23) und der Neuen Evangelischen Kirche (siehe Ort 92) hin und her. Oder besser gesagt, er wurde im Wechsel vor der einen oder anderen Kirche aufgestellt. Es handelte sich um den ökumenischen Kirchenstrandkorb, ein bereits Anfang der 1990er Jahre vom damaligen Inselpfarrer Joachim Breithaupt ins Leben gerufenes Sitzutensil, das bis vor Kurzem vor allem bei Touristen ein beliebter Ort zum Innehalten und Verweilen war. 2017 verschwand der Korb jedoch bis zum Spätsommer im Evangelischen Gemeindehaus: Es fand sich niemand mehr, der ihn zwischen den Kirchen hin- und herbewegen wollte.

Eine neue Bestimmung erhielt der hübsche Strandkorb durch die Pastorin Konstanze Lange, die im Frühjahr 2017 ihren Dienst auf der Insel aufnahm. Seit Herbst 2017 ist der ökumenische Kirchenstrandkorb in den wärmeren Monaten »ein Begegnungs- und Treffpunkt, an dem sich Möglichkeiten zum Gespräch mit christlich-kirchlichem Bezug bieten« (Zitat). Zu diesem Zweck sind Mitarbeiter der Kirche als Ansprechpartner vor Ort – an einem nunmehr festen Standplatz am Strand. Zukünftig sollen auch Mittags- und Abendgebete mit gemeinschaftlichem Singen am Strandkorb stattfinden.

Das von Frau Lange entwickelte Strandkorb-Konzept folgt der früheren Geschichte des beliebten Korbs. Bereits in seinen Anfangsjahren machte der Kirchenstrandkorb seinem Namen am Strand alle Ehre und wurde als Begegnungsstätte genutzt und geschätzt. Bis über das Jahr 2010 hinaus boten dort Urlauberpastoren und -pastorinnen (Konstanze Lange war damals eine von ihnen), Urlauberpriester und Ehrenamtliche sommertags mehr oder weniger regelmäßig Gespräche und Seelsorgedienste an.

Adresse Hauptstrand unterhalb der DLRG-Rettungsstation (nahe Strandhalle) | **Zugang** zum Beispiel über Slurpad | **Tipp** Wandernde Strandkörbe gibt es auf Spiekeroog immer noch: Seit 2017 steht auf der Insel ein Mehrgenerationen-Strandkorb, der jährlich an anderer Stelle aufgestellt wird. Der besonders breite Korb hat sogar eine Wickelfläche und eine Vorrichtung, die den Zugang mit einem Rollstuhl erlaubt.

65__Das Old Laramie

Warmbadeanstalt, Flughafengebäude und Kultkneipe

Ein ekstatischer Wohlfühlort mit fesselndem Charme und spektakulärer Vergangenheit ist das Old Laramie im Spiekerooger Westen. Das beinahe unter Dünensand verborgene Lokal ist die Geburtsstätte von Sprüchen, Helden und Liebesgeschichten, ein wahres Kuriositätenkabinett und je nach Tageszeit Café, Kneipe oder Club.

Das Old Laramie verdankt seine Geburt der Suche nach einer Warmbadeanstalt. Nachdem die ersten beiden Anstalten dieser Art auf der Insel Geschichte waren (siehe Ort 96), wurde 1896 im Inselwesten eine neue Warmbadeanstalt, zunächst in Form eines Holzschuppens auf Steinfundament, errichtet. 1899 wurde dieser Bau durch ein massives Gebäude, das heutige Old Laramie, ersetzt. Mit einem Rohr, das freiliegend über die Außendünen und das Dünenschutzwerk führte, sowie einer manuell bedienten Pumpe mit einem großen Drehrad wurde Salzwasser in einen Boiler gepumpt. Ein Ofen mit zwei Kesseln sowie je vier Wannen für die Damen und Herren diente als Innenausstattung der Badeanstalt.

Im Jahr 1934 wurde im Inselwesten mit dem Bau eines Flugplatzes durch den Reichsarbeitsdienst begonnen und das Gebäude der Warmbadeanstalt bis 1944 als Flugwache ausgewiesen. Nach Ende des Zweiten Weltkriegs wurde der Ort zum Café Westend. Da man im Haus und um das Haus herum auch Schlittschuh laufen konnte, hieß die schon bald sehr beliebte Ausflugsstätte auch Café Schlittschuh. Nachdem die Sturmflut 1962 das Etablissement schwer beschädigt hatte, baute es der Westernfan »Eddie von Laramie« (korrekt: Edmund Jess) mit Humor und urigen Dekorationen wieder auf. Das Laramie als »einzige Kneipe, wo man im Winter die Schollen mit Mäusefallen fängt«, und viele andere Eddie-Zitate sind bis heute legendär.

Die Bezeichnung Old Laramie stammt im Übrigen aus den 1960er Jahren und ist eng mit einem nachdenklich stimmenden Insulaner-Spruch verbunden: »Ihr sattelt die Hühner, wir reiten nach Laramie.«

Adresse Westend 5, Tel 04976/318 | **Tipp** Dirk Nannen, der jetzige Besitzer des Laramie, führt sein Lokal mit Hingabe und Leidenschaft. Der gebürtige Baltrumer, der das Lokal mit selbst gebauten Unikaten bestuhlte und einen weltberühmten Käsekuchen backt, gründete am Laramie eine Kite- und Surfschule. Ausprobieren! Auch SUP-Yoga-Fans kommen am Laramie auf ihre Kosten.

66 Das östliche Ende

Mit Anja Sander in den unberührten Inselosten

Nach dreistündigem Fußmarsch am Strand winkt die große Pause. Auf der Sandbank im äußersten Inselosten, 15 Gehminuten von der Ostbake als Spiekeroogs »offiziellem« Inselende entfernt, kommt die Gruppe zum Stehen. Es ist Zeit für ein Picknick und die Besprechung der Strandfunde. Mit großem Fachwissen weiß Anja Sander, die Leiterin der Gruppe und selbst leidenschaftliche Strandsammlerin, von den Meereswesen zu berichten. Herzseeigel, Pferdemuscheln, Pazifische Austern und Zypressen-Moostierchen – die meisten Teilnehmer der sechsstündigen Exkursion haben staunende Augen.

Das östliche Ende Spiekeroogs ist ein wunderschöner und in der kühlen Jahreszeit menschenleerer Platz. Um die Schönheit des Ortes wissen auch die Seehunde, die hier (meist) ungestört verweilen. Blickt man in Richtung Osten, scheinen der Neue Leuchtturm und der Westturm von Wangerooge zum Greifen nahe. Das Hinüberschwimmen zur Nachbarinsel ist jedoch unmöglich. Spiekeroogs Ostende und die Westspitze Wangerooges sind 2,5 Kilometer voneinander entfernt und durch ein Seegatt mit einer bis zu 35 Meter tiefen Senke, gefährlichen Untiefen und starken Strömungen getrennt.

Je nach Witterung und Jahreszeit führt der Rückweg wie der Hinweg am Strand entlang oder durch die Dünen und die Salzwiesen der Ostplate. Besonders malerisch ist der Pfad durch die Wiesen. Nationalpark-Wattführerin Anja Sander erklärt die Entstehung der Dünen und stellt etliche Pflanzen am Wegesrand vor: die Begründer und Stabilisierer der Embryonaldünen (Binsen-Quecke und Strandhafer), ostfriesische »Salzstangen« (Queller), giftige Einwanderer (Jakobskreuzkraut), entgiftende Aphrodisiaka (Bittersüßer Nachtschatten), wertvolle Winzlinge (Tausendgüldenkraut) und sogar Gewächse, die barfuß laufende Wanderer peinigen (Dorniger Hauhechel). Sie alle und viele andere Pflanzen können auf der stimmungsvollen Wanderung im Inselosten bestaunt werden.

Adresse Inselosten | **Zugang** Startpunkt der etwa 18 Kilometer langen geführten Wanderung ist in der Regel die Wegkreuzung Tranpad / Slurpad / Bi d'Utkiek, April – Sept., aktuelle Termine unter www.spiekeroog.de; 15 Euro | **Tipp** Auch alle anderen von Anja Sander geleiteten Wanderungen und Führungen sind sehr zu empfehlen. Übersicht unter www.spiekeroog-inselfuehrungen.de, www.spiekeroog.de. Wer das östliche Inselende ungeführt erkunden mag, sollte bei ablaufendem Wasser starten.

67 Der Pavillon am Nationalpark-Haus

Der letzte Schatten vor der wilden Ostplate

Er gehört zu den wichtigsten Stützpunkten bei Wanderungen in den weitläufigen Inselosten: der Pavillon unweit des Nationalpark-Hauses Wittbülten. An diesem Ort, der auch als Beobachtungspavillon und mit Schautafeln zur Information über den Naturschutz dient, schnüren viele Menschen vor einer Wanderung noch einmal ihre Schuhe, sortieren Proviant und suchen nach Regenschutz oder Sonnencreme – weiter im Osten gibt es Wildheit und schönste Natur, aber keine Bäume oder anderen schützenden Orte. Und auch nach dem Wandern ist der Pavillon ein willkommener Platz für eine Rast: Man wechselt seine regendurchnässte Kleidung oder massiert die mitunter vom knietiefen Wasser kalt gewordenen Beine. Natürlich gibt es auch Menschen, die nach dem Besuch des Nationalpark-Hauses auf dem wenige Meter erhöht liegenden Ort die wundervolle Weitsicht über die Ostplate bis hin zum Meer und die auf dem Terrain auf und nieder fliegenden Vogelschwärme genießen wollen.

Die Ostplate, das sich östlich an den Pavillon anschließende Terrain, ist ein großflächiges Dünen- und Salzwiesengebiet ohne Küstenschutzbauten, das sich weitgehend unbeeinflusst vom Menschen entwickeln konnte. Es ist ein sehr junges Gebiet – noch vor etwa 300 Jahren lag das Ostende Spiekeroogs in der Höhe des heutigen Pavillons. Seit jener Zeit hat sich die Insel fünf Kilometer weiter in Richtung Osten ausgedehnt.

Der direkte Weg vom Pavillon in den abenteuerlichen Inselosten führt durch die Leegde, einen ehemaligen Meeresdurchbruch (siehe Ort 46). Unterhalb des Pavillons führt der mit grünen Pflöcken markierte Weg durch die mitunter wasserführende Flutmulde und schlängelt sich dann als Trampelpfad durch die Salzwiesen. Vor der Ostbake durchquert der Weg die Dünen. Wer mag, kann dann am Strand bis zur Ostspitze Spiekeroogs weitergehen.

Adresse nahe Nationalpark-Haus Wittbülten, Hellerpad 2 | **Zugang** Vom Dorf über den Hellerpad, vorbei an der Hermann Lietz-Schule und dem Nationalpark-Haus (Beschilderung beachten). Der Pavillon liegt wenige Meter weiter östlich. | **Tipp** Die Schautafeln im Pavillon sind sehr lesenswert: Man erfährt eine Menge über die Entstehung der Ostplate und ihre Bedeutung als Brutgebiet. Achtung: Der zentrale Weg über die Ostplate liegt in der Ruhezone des Nationalparks und ist nur zwischen August und März, also außerhalb der Brutzeit der Vögel, zugänglich.

68 Die Pietà in der Inselkirche

War es spanisches Strandgut?

Zu jeder Dorfführung auf Spiekeroog gehört auch ein Besuch der Alten Inselkirche. Das schmale, 1696 erbaute Gotteshaus mit den Backsteinwänden ist die älteste Kirche auf den ostfriesischen Inseln. In der hübschen Kirche gibt es eine Menge zu bestaunen: Die grünen Ostfenster mit den Symbolen der Evangelisten, die Renaissance-Kanzel, ein ausgesägter Altaraufsatz mit einem Jesusbild, aber auch Votivschiffe und die verschließbaren Bankreihen fallen ins Auge. Fragt jedoch Anja Sander, eine der Nationalpark-Wattführerinnen Spiekeroogs, bei ihren Führungen nach dem einzigen katholischen Gegenstand in der evangelischen Kirche, herrscht unter Spiekeroog-Newcomern meist ratloses Schweigen.

Das katholische Unikum ist eine Pietà (pietas, lateinisch für Frömmigkeit), eine Skulptur der trauernden Maria, die ihren gerade vom Kreuz genommenen Sohn auf dem Schoß und an den Armen hält. Maria soll in ihrer Liebe der »frommen Betrachtung« dienen. Um die Holzfigur in der Kirche rankt sich eine sogar in der Fachwelt eifrig diskutierte Legende. Einer Überlieferung nach soll die Pietà vom Flaggschiff der spanischen Armada stammen, die 1588 in die berühmte Seeschlacht gegen England zog. Jenes Flaggschiff soll im Sturm vor Spiekeroog gestrandet sein. Genaueres weiß man nicht, Untersuchungen zeigen aber, dass starke Westwinde ein Schiff der Armada durchaus in die Nähe von Spiekeroog hätten treiben können. Unterstützt wird die These durch Grabungen, die 1869 in der Kirche durchgeführt wurden. Vor dem Altar in einem Meter Tiefe fand man ein Grab, ein männliches Skelett und einen spanischen Stoßdegen, der senkrecht in der Erde steckte. Auf der Insel wurden zudem spanische Münzen gefunden. Auch eine 30 Fuß lange spanische Seefahne, die bis 1840 bei feierlichen Anlässen verwendet wurde, lässt den geheimnisumwitterten Mythos um die Herkunft der Pietà weiterleben.

Adresse Alte Inselkirche, Süderloog 9 | **Öffnungszeiten** April–Okt. Mo, Do, Fr 16–17 Uhr, Mi, Do, Sa 11–12 Uhr, Nov.–März nach Absprache | **Tipp** Um die alte Inselkirche herum gibt es zahlreiche Orte zu entdecken. Wenige Meter entfernt lässt sich hinter dem Frankfurter Haus (Noorderloog 9) ein Blick auf ein preisgekröntes Holzhaus (Holthuus) werfen.

69_Pippis Spielwelt
Glückliche Kinderaugen bei den Lütt Insulaners

Viele von uns haben Pippi Langstrumpf geliebt. Aus einer Zeit bunter Kinderserien blieben die Abenteuer Pippis und ihrer Freunde so manchem bis heute ganz besonders im Gedächtnis. Wer auf Spiekeroog die Kindertagesstätte Lütt Insulaners streift, fühlt sich schnell an aufregende Fernsehstunden mit Pippi oder an die Streiche der eigenen Kindheit erinnert. Im Außenbereich der Tagesstätte lachen Kinder im Limonadenbaum und in der Villa Kunterbunt – Herr Nilsson, Pippis Affe, sitzt auf dem Häuserdach. Den Kleinen Onkel (das Pferd) gibt es ebenfalls. Im Gegensatz zur Welt der echten Pippi hat er bei den Lütt Insulaners sogar eine eigene Herde dabei (großer Onkel, Riesenonkel, Babyonkel). Die Kosten für die rund 25.000 Euro teure Pippi-Langstrumpf-Spielwelt aus witterungsbeständigem Robinienholz, die von der Firma Ziegler (Bennewitz, Sachsen) hergestellt wurde, konnten durch Aktionen der kleinen Insulaner wie Musical-Aufführungen und Kuchenverkauf sowie durch Spenden (zum Beispiel von der Volksbank Esens) komplett finanziert werden.

Die Kindertagesstätte Lütt Insulaners gibt es seit Anfang der 1970er Jahre. Sie ist in einem ehemaligen Schulgebäude und Lehrerwohnhaus untergebracht und befand sich zunächst unter evangelischer Trägerschaft, seit 1979 gehört sie der Gemeinde. Vier pädagogische Fachkräfte kümmern sich um die Kinder der Einrichtung, die aus einer Krippe (Heuler: Ein- bis Zweijährige) mit 15 Plätzen und einem Kindergarten (Seehunde: Drei- bis Sechsjährige) mit 23 Plätzen besteht. Ein besonderes Ereignis für jedes Kind in der Tagesstätte ist sein dritter Geburtstag, da es dann automatisch zum Seehund wird und sich zu diesem Anlass einen älteren Seehund als Paten suchen kann. Auch eine Kegelrobbe (die Seehund-Untergruppe der sechsjährigen Vorschulkinder) kann als Pate gewählt werden. Der Pate ist für das jüngere Kind in der weiteren Kindergartenzeit ein wichtiger Ansprechpartner.

Adresse Noorderloog 29 | **Tipp** Im Frühjahr 2018 musste aufgrund gesetzlicher Bestimmungen die Umzäunung des Kindergartens erneuert werden. Die alten Zaunlatten waren von den Kindern bemalt worden und trugen die Namen ihrer Künstler. Svenja Gieseke, die Leiterin der Tagesstätte, vergab die Zaunlatten an die Eltern der einstigen Kindergartenkinder. Manche Zaunlatten-Kunstwerke lassen sich seitdem in Spiekerooger Vorgärten entdecken – halten Sie die Augen auf!

70_Die Polizeistation

André Basold, Dackel Hubert und die guten Menschen

Ein wenig furchteinflößend ist er schon: Wer den auf den Stufen vor dem Hauseingang am Tranpad sitzenden Hund scharf beäugt, wird mit einem angriffslustigen Bellen bedacht. Zur Beruhigung aller Angebellten ist Kurzhaardackel Hubert jedoch angeleint. Überdies ist er ein herzensguter Geselle, der sein Polizisten-Herrchen auf Schritt und Tritt über die Insel begleitet.

Es war 2014, als André Basold die 1964 errichtete Dienststelle am Tranpad Nummer 3 bezog und seinen Polizeidienst auf der Insel begann. Der bei Stade geborene und damals in Hannover wohnende Polizist war durch einen Fernsehbericht (»Hallo Niedersachsen« im Norddeutschen Rundfunk) auf die vakante Stelle aufmerksam geworden. Auf die zunächst landesweite, später bundesweite Stellenausschreibung der Polizeidirektion Osnabrück hatte sich zu jener Zeit kein geeigneter Interessent gemeldet. Basold nahm am Tag nach der Sendung Kontakt mit der zuständigen Polizeidienststelle auf und wurde eine Woche später mit seiner Frau zum Vorstellungsgespräch nach Aurich eingeladen – wenig später zogen sie auf die Insel.

Basold ist bei Groß und Klein wegen seines Humors und seiner Hilfsbereitschaft beliebt. Er schwärmt von seiner Arbeit auf der Insel und der Aufrichtigkeit ihrer Menschen. Auf Spiekeroog werden jedes Jahr durchschnittlich nur 60 Straftaten verübt – ein Drittel dieser Taten sind Internet-Betrüge. Schwere Delikte wie Körperverletzung, aber auch Fälle von Diebstahl kommen auf der Insel äußerst selten vor. Wer auf Spiekeroog etwas verliert, hat eine gute Chance, dass der Verlust nur kurz währt.

2016 wurden Basold (oder einem ihn vertretenden Kollegen) nicht nur mehrere iPhones, Fotoapparate und Schlüsselanhänger, sondern auch eine Rolex-Uhr (Wert 4.000 Euro) und insgesamt 2.957,46 Euro (als Bargeld oder in Portemonnaies) übergeben. Es ist daher nicht erstaunlich, dass Spiekeroog als Insel der ehrlichen Leute gilt.

Adresse Tranpad 3 | **Tipp** André Basold ist auf der Insel meist radelnd unterwegs und sozusagen das Alleinstellungsmerkmal von Spiekeroog: vorbeirauschendes Rad plus freundlich grüßender Mann plus Polizeiuniform plus rennender Dackel. Zum Dienstbereich gehört auch eine kleine, meist verwaiste Zelle. In den letzten Jahren durfte hier auch einmal ein am Strand gefundener herrenloser Labrador nächtigen. Wer höflich fragt, darf vielleicht einen Blick in den Raum werfen.

71 Das Posaunenhaus

Die musikalische Holzhaus-Geschichte

Auf Spiekeroog erzählt man sich eine wahre Geschichte, die von der Verwandlung eines Übungsraumes begeisterter Musiker in eine heimelige Ferienunterkunft erzählt. Sie spielt in einem hübschen Holzhaus, dessen Fassade heute eine Posaune ziert. Das Vorwort zur Geschichte beginnt mit einem Mann namens Theodor Janssen, der in den 1930er Jahren Bürgermeister auf Spiekeroog war. Er liebte das Segeln und die Blasmusik, weshalb er mit anderen Insulanern einen Posaunenchor gründete – diesen gibt es noch immer. Theodor spielte die Zugposaune, sein Bruder Wilhelm das große Helikon. Zeit zum Üben gab es vor allem im Winter, Lieblingsübungsort war eine warme Backstube. Die Spielbegeisterung der Männer erbrachte immer mehr Aufträge, zu denen auch Darbietungen bei Beerdigungen und Gottesdiensten gehörten. Inspiriert von der guten Auftragslage entschloss man sich, in Eigenarbeit einen Übungsraum zu bauen. Theodor stellte auf seinem Grundstück einen Bauplatz zur Verfügung, und man errichtete einen kleinen, zweiräumigen Holzbau – das Posaunenhaus.

Nachdem man dort einige Jahre musiziert hatte, bezog nach dem Zweiten Weltkrieg eine Flüchtlingsfamilie aus Schlesien das Haus. Die Verhältnisse waren dürftig, denn es gab weder Wasser, Heizung noch Toilette. 1949 wurde das Posaunenhaus vergrößert und in einem Anbau Waschraum, Eingangsflur und Küche untergebracht. Vier Jahre später diente das Haus einer weiteren Familie als Zuflucht. Nach einer Renovierung im Jahr 1969 und weiteren Inhabern ist seit 2000 Eckhard Janssen der Hauseigentümer. Viele Sanierungsmaßnahmen später, die von dem gelernten Tischler zum Teil in Eigenarbeit durchgeführt wurden, und dem Einbau einer Heizungsanlage wird das Posaunenhaus inzwischen ganzjährig als Ferienunterkunft genutzt. Neue Fenster, wärmegedämmte Wände, ein weiteres Wohnzimmer und eine gemütliche Terrasse wurden ebenfalls geschaffen.

Adresse Kaapdünenweg 6, Inhaber Eckhard Janssen, www.janssand.de | **Tipp** Von Theodor Janssen blieb auf der Insel ein weiteres sichtbares Zeichen erhalten: Die Pension »Fallen Anker« (Süderloog 39) wurde einst ebenfalls von Janssen als Pensionshaus erbaut.

72__Der Rabenhain

Magische Pfade und eine zauberhafte Aussicht

Verborgen in einem Talkessel, geschützt von einer kaum wahrnehmbaren Anhöhe und Häusergruppen im Süden und einer bis zu 18 Meter aufragenden Düne im Norden, gedeiht im Westen Spiekeroogs ein wunderschönes Wäldchen. Knorrige Nadelbäume, ausladende Eichen, hutzelige Ebereschen und viele andere eigenwillig wachsende Gehölze durchziehen das urige Terrain. Zwei ungewöhnliche Pfade sind ebenfalls stille Teilhaber des sogenannten Rabenhains, von dem nicht wenige sagen, dass er verzaubert oder sogar verwunschen sei.

Den ersten der beiden Pfade erreicht man, wenn man das Haus am Meer, ein Freizeitzentrum der Diakonie, vom Westend kommend rechtsseitig umkurvt. Der Weg startet hinter einem Fahrrädlädchen etwas abseits der Müllcontainer und führt an einem jungen Apfelbaum am Waldessaum vorbei. Manche sagen, dass auf diesem »Wächterbaum« alljährlich die wohlschmeckendsten Äpfel der ostfriesischen Inseln heranreifen. Der Pfad zieht schnurgerade auf zunächst asphaltierter Spur in Richtung Waldesmitte. Wenige Gehminuten später füllt er sich mit losem Sand und führt als schneeweißer Pfad zu einer Gabelung, an der ein alter Wegweiser angebracht ist. Dort geht es später links entlang eines mystischen, von Bäumen eng umstellten Pfads zurück zum Westend.

Wendet man sich an der Gabelung nach rechts, lässt sich rasch der dünenseitige Waldessaum erklimmen. Dort gedeiht neben Hagebutten und Eichen wiederum ein Früchte tragender »Wächterbaum«, an dieser Stelle in Gestalt eines Birnbaums. Nun geht es noch ein paar weitere Meter steil bergan, wobei der Pfad einen von links einmündenden Weg aufnimmt, der oberhalb des Walter-Requardt-Heims beginnt. Wenig später erreicht der Pfad den Dünenkamm: Der Ausblick auf den tief liegenden »neutralen Strand« (siehe Ort 63), die vorliegenden Sandbänke und das Meer bis hin nach Langeoog (zur Linken) und Wangerooge (zur Rechten) gehört zu den schönsten der Insel.

Adresse nahe Westend | **Zugang** zum Beispiel von der Dorfmitte über den Gartenweg zur Straße Westend, der Straße über den Deich folgen, vor der Häuserzeile (Haus am Meer) rechts, rechts um die Häuser herum (Spielplatz rechter Hand), hinter der Siedlung links | **Tipp** In Sommernächten kann man am »neutralen Strand«, mitunter aber sogar auf dem Dünenkamm das Meer leuchten sehen. Für das Meeresleuchten sind Einzeller, manchmal auch Leuchtquallen verantwortlich.

73 Das Reetdachhaus

Einzigartig auf Spiekeroog – und gut versteckt

Es könnte einem Märchen entsprungen sein: jenes wunderschöne, verträumt in der Stille am östlichen Dorfrand liegende Gebäude, das sich das einzige reetgedeckte Haus auf Spiekeroog nennen darf (Reet = norddeutsch für Ried: Schilf, Röhricht). Einen beeindruckenden Blick auf den versteckt liegenden Bau hat man vor allem im Winter – dann, wenn die meisten Bäume und Sträucher um das Anwesen herum nicht mehr belaubt sind und sich auch nahe der ehrwürdigen Eingangspforte eine schöne Aussicht auf das Haus ergibt.

Das Reetdachhaus am Friederikenweg hat viele Namen: Zauberschlösschen, rheinische Steppenvilla und friesische Schilfburg sind eher inoffizielle Wortschöpfungen, Gästehaus Fresena ist hingegen eine offizielle Bezeichnung.

Errichtet wurde das beeindruckende Anwesen im Jahr 1928 von Heinrich Pferdmenges (1877–1947), einem niederrheinischen Textilunternehmer. Der aus Rheydt bei Mönchengladbach stammende Industrielle ließ das tief gezogene Dach ursprünglich mit Schilf vom Neusiedler See decken. Seit seinem Bestehen musste das Haus nur zweimal vollständig neu gedeckt werden. Nach dem Tod von Pferdmenges erhielten die Erben das Anwesen drei Jahrzehnte lang in originalgetreuem Zustand. Erst 1977 entstanden aus einer großen Wohneinheit vier Appartements.

Heinrich Pferdmenges, Mitbegründer der CDU und ein guter Freund von Konrad Adenauer, gilt als erster größerer Förderer Spiekeroogs. Vor allem in den 1920er und 1930er Jahren unterstützte Pferdmenges jene Einrichtungen der Insel, die der Aufrechterhaltung des Kurbetriebes dienten. So sind unter anderem die Erneuerung der Landungsbrücke (1925), die Versorgung des Ortes mit elektrischem Strom (1925), die Gründung der Nordseebad Spiekeroog GmbH (Träger des Fremdenverkehrs auf der Insel) und die Planung und Gründung der Hermann Lietz-Schule auf seine Anregungen und finanziellen Hilfen zurückzuführen.

Adresse Friederikenweg 15 | **Zugang** Das Haus befindet sich wenige Meter östlich vom Dorfrand, gegenüber der Belegstelle für Bienenköniginnen. | **Tipp** Folgt man vom Dorf kommend hinter dem Haus dem nach links weisenden Weg in die Dünen, kann man auch im Sommer ein paar schöne Blicke auf das Anwesen ergattern.

74_Die Rettungsbaken

Eine effektive Notfall-Orientierung

Wer im Norden des Spiekerooger Dorfs den Strand aufsucht, wird sie streifen oder in Sichtweite passieren: die Rettungsbaken. Die auf den ersten Blick ein wenig an hoch stelzende, dreidimensionale Vorfahrt-achten-Schilder erinnernden Baken haben die Sicherheit auf der Insel wesentlich verbessert. In Not geratene Urlauber konnten bis vor Kurzem häufig nicht genau angeben, an welchem Abschnitt des Strandes sie sich gerade befanden. Dies ist für Ortsfremde vor allem am Nordstrand östlich des Dorfs auch nicht einfach, da es dort nicht viele eindeutig zu benennende Punkte im Gelände gibt. Daher entschloss man sich, zur besseren Orientierung entlang dem Nordstrand in regelmäßigen Abständen Rettungsbaken aufzustellen. Im Sommer 2016 war es dann so weit. Entlang dem gesamten Nordstrand wurden bei einer gemeinsamen Aktion der Freiwilligen Feuerwehr, der Nordseebad Spiekeroog GmbH und der Gemeinde Spiekeroog in Höhe der mittleren Hochwasserlinie 17 etwa acht Meter lange Eisenpfähle eingespült, an deren Kopf eine dreiseitige Buchstaben-Kennzeichnung angebracht ist. Die Beschriftung wurde von West nach Ost alphabetisch angeordnet: Die am westlichsten liegende Bake am Nordstrand erhielt den Buchstaben A, die am weitesten im Osten liegende den Buchstaben Q.

Abgesehen von den Rettungsbaken wurden von Insulanern an 35 Sitzbänken außerhalb des Ortes SOS-Plaketten angebracht, mit Hilfe derer im Notfall ebenfalls eine genaue Ortsangabe möglich ist. Bei einem Notruf können nun die Einsatzkräfte weitaus rascher als zuvor an die betreffenden Orte gelangen.

Kritische Stimmen zu den neu aufgestellten Baken gibt es natürlich auch. So soll es Urlauber geben, die die Baken als eine Verschandelung der Insellandschaft bewerten. Es bleibt zu hoffen, dass diese Menschen nicht eines Tages selbst einmal einen raschen Hilfeeinsatz benötigen.

Adresse Nordstrand, entlang der mittleren Hochwasserlinie | **Tipp** Auch das Feuerwehr-gerätehaus am Nordertüün lohnt einen Besuch. Am Gerätehaus sind technische Daten zu allen Einsatzfahrzeugen samt Foto und Informationen zu Einsätzen (zum Beispiel die Reihenfolge der Einsatzfahrzeuge) angegeben. Wer nett nachfragt, kann außerhalb von Einsatzzeiten vielleicht auch einen Live-Blick auf eines der Fahrzeuge erhaschen. Die Freiwillige Feuerwehr leistet eine Menge für die Insel, ihre Bewohner und Gäste!

75___Die Richelwiesen
Die Schönheit der Stille

Die Richelwiesen am Südrand des Dorfs sind ein ganz besonderer Ort. Geschützt von den Deichen und durchzogen von kleinen Wassergräben, haben sich dort mehrere Wiesenflächen einvernehmlich zusammengefunden. Entlang des südlichen Grabens gedeiht prächtiges Schilf. Es ist friedlich und still. Nur wenn am Hafen viele Menschen die Insel verlassen oder ankommen oder ein geschwätziger Vogel auffliegt, kennt die Stille eine Pause. Und es ist eine schöne Ruhe. Man kann das Meer riechen, ganz bei sich sein und die Weite der Wiesen und des Himmels bestaunen. Mitunter weiden auch Pferde auf den Wiesen, selten spurtet ein hakenschlagender Hase vorbei. Besonders faszinierend ist der oft über den Wiesen aufziehende Seenebel. Steht man auf dem Richelweg (dem am Ortsrand vom Wüppspoor abzweigenden, entlang der Richelwiesen führenden Weg), kann man bisweilen in Bauchhöhe einen undurchsichtigen, weich vor sich hin flatternden Wolkenstreifen bewundern – die Luft am Boden und in Kopfhöhe bleibt klar und durchsichtig. Für Minuten oder über Stunden kann dies so bleiben. Einen solchen Nebel vergisst man nie.

Die Richelwiesen wurden in der Mitte des vorigen Jahrhunderts eingezäunt (»eingerichelt«; richel: Einfriedung, Umzäunung), damit sie vom damals noch auf der Insel vorhandenen Weidevieh nicht mehr betreten werden konnten. So konnte das höher wachsende Gras gemäht und Heu gewonnen werden. Zum Schutz gegen die Sturmfluten, die die Wiesen immer wieder mit Salzwasser überschwemmten, wurden diese schon früh mit einem Sommerdeich umgeben. Bis 1883 wurde dieser stetig erhöht, um auch hohen Sturmfluten trotzen zu können. In der Sturmflut am 16. Februar 1962 jedoch brach der alte Richeldeich am Melkset-Dreieck (nahe der Kreuzung Richelweg/Wüppspoor). 1967 wurde der Richeldeich erneut erhöht. Der Ostteil des alten Deichs ist in seiner ursprünglichen Form noch erhalten.

Adresse östlich Wüppspoor, zwischen Hafen und Dorf | **Tipp** Um die Richelwiesen zu erkunden, kann man entweder auf dem Richelweg oder direkt unterhalb des Deichs oder auch auf der Deichkrone entlanggehen. Auf dem Deich hat man einen bezaubernden Blick auf die Richelwiesen, den Hafen und das Wattenmeer.

76 Die Robbenplate

Mit Karen Hohn zu Fuß bis (fast) nach Langeoog

Freudig malt die Wattführerin Karen Hohn einen Tisch in den Sand. Es ist Zeit für eine Pause, für Genuss und Gemeinschaft. Aus ihrem Gepäck zaubert sie Gebäck hervor, sogar Sekt und Alkoholfreies ist an Bord. Und tatsächlich: Nach einer 90-minütigen Wanderung auf der malerischen Sandbank öffnen sich die Menschen. Man stößt an, verspeist die Köstlichkeiten von der sandigen Tafel und redet. Sogar an Trinkbecher hat die lebensfrohe Wattführerin gedacht. Lachende Augen, herzliche Worte, viele Emotionen – man sieht, dass sie ihre Arbeit und die Menschen liebt.

Pausenplatz ist die äußerste Westspitze der sogenannten Robbenplate. An diesem Ort sind Langeoog und Spiekeroog nur noch 850 Meter voneinander entfernt, zumindest bei Niedrigwasser. Allerdings ist die Otzumer Balje, also das Seegatt zwischen Langeoog und Spiekeroog, auch bis zu 20 Meter tief, weshalb man nicht zu nahe an die Sandbankkante herantreten darf. Dort herrscht Treibsandgefahr. »Möglichst schnell weitergehen und sich in Sicherheit bringen«, lautet Hohns Ratschlag, sollte man doch einmal diesem Sandphänomen begegnen.

Karen Hohn unternimmt diese Tour immer in den Abendstunden. »Stimmungsvolle Wanderung in den Sonnenuntergang hinein«, so heißt es in der Vorankündigung, und dieser Satz ist eine wonnigliche Untertreibung für das, was man tatsächlich erlebt. Die Aussichten auf der Sandbank sind unvergleichlich schön. An seiner Spitze schaut einem der Langeooger Wasserturm entgegen – er scheint vom gegenüberliegenden Strand herüberzuwinken. Man blickt auf die großen Windräder von Neuharlingersiel und den in der Ferne liegenden Windpark bei Dornum. Auf dem Rückweg watet man durch Priele und bewundert bizarre Sandformationen. Vogelschwärme schwirren auf, und das Meer verfärbt sich aquamarinblau. In den letzten Sonnenstrahlen bleiben alle stehen und genießen die Schönheit und den Zauber der Stille.

Adresse Robbenplate, Sandbank nordwestlich der Insel | **Zugang** Ausgangspunkt der geführten Wanderung ist die Aussichtsplattform am Dünenhöhenweg: von der Kogge in Richtung Hauptstrand, vorbei am Lesepavillon und am Jugendhof. Die Aussichtsterrasse liegt hinter der Rechtskurve auf der linken Wegseite. Termine unter www.spiekeroog.de, Kosten 10 Euro | **Tipp** Auf der Terrasse am Höhenweg kann man mitunter zauberhafte Lichtphänomene beobachten. Egal, ob Fata Morgana oder grüne Sonne – physikalisch Interessierten erklärt eine Schautafel die ungewöhnlichen Erscheinungen.

77 Der Sandraum

Abenteuerwelten im Kinderspielhaus Trockendock

Für viele kleine Menschen ist es *der* Lieblingsschlechtwetterort: der Sandraum im Kinderspielhaus Trockendock. Vor allem Drei- bis Achtjährige rutschen dort herum, errichten prächtige Sandburgen, erkunden mit Schippen und farbenfrohen Eimern das Territorium oder pinseln in feinen Sandkornlinien phantasievolle Kunstwerke auf eine von unten beleuchtete Scheibe. Eltern sind im Sandraum ebenfalls willkommen: Sie beobachten ihre nach Herzenslust buddelnden Kleinen meist aus dem im Raum stehenden Strandkorb. Besonders beliebt ist der Ort bei den Jüngsten aber auch deshalb, weil man dort Eltern und Verwandte wunderbar ärgern kann. Sand aus Hosenbeinen, Socken oder Haaren dringt fast immer in die Außenwelt und ist mitunter noch Wochen später in der Heimat auffindbar. Da nützt auch die Schleuse nichts, die den Raum von den anderen Plätzen im Trockendock trennt.

Das im Jahr 2000 errichtete Kinderspielhaus gleicht einem überdachten Spielplatz mit Abenteuerwelten im Kleinformat. Im größten Spielraum klettern Kinder auf einem hölzernen Fischkutter. Aus der ersten Etage stürzen sie sich auf einer undurchsichtigen Rutsche im Schutze der Dunkelheit in die Tiefe – für die ganz Kleinen gibt es eine weniger waghalsige Miniaturrutsche. Tischfußballspiele werden auch von den Eltern gern angenommen. Darüber hinaus wollen mehrere Spielecken ausgekundschaftet werden, Bauklötze aus Holz und Legosteine liegen einladend herum.

Im Kinderspielhaus wird ganzjährig ein abwechslungsreiches Spiel- und Bastelprogramm angeboten. Kleine Leute können beispielsweise in einer Tonwerkstatt unter fachkundiger Leitung Schatzkästchen, Schneckenspiele und Schalen töpfern oder sich im Nassfilzen oder Zeichnen oder bei Specksteinarbeiten ausprobieren. Die oft sehr phantasievollen und mit großer Ausdauer gefertigten Kunstwerke können im Kreativraum des Trockendocks bestaunt werden.

Adresse Kinderspielhaus Trockendock, Noorderpad 25, Tel. 04976/9193166, aktuelles Spiel- und Bastelprogramm unter www.spiekeroog.de | **Öffnungszeiten** täglich 9–18 Uhr, Eintritt frei | **Tipp** Erwachsene, Jugendliche und nicht mehr ganz so kleine Kinder können auf Spiekeroog auch Minigolf spielen.

78___Das Schild
nach Gütersloh

Auf der Aussichtsdüne am Haus Wolfgang

Auf der Aussichtsdüne am Haus Wolfgang führt ein Stichweg zu einer hübschen Plattform. Dort steht eine Bank, auf der man sich im Schutze der Kartoffelrosen von der Sonne bescheinen lassen kann. An dem in Holz gefassten Rondell gibt es Hinweisschilder mit richtungsweisenden Pfeilen. Langeoog steht dort zu lesen, Helgoland und Wangerooge. Sehen kann man diese Inseln nicht: Langeoog verbirgt sich hinter Spiekeroog, Helgoland ist zu weit entfernt, Wangerooge wird von Rosen verdeckt. Touristen stolpern indes über ein weiteres Hinweisschild, auf dem der Name Gütersloh prangt. Schmucken ostwestfälischen Städten wird in der Fremde selten gehuldigt, bisweilen bestreitet man sogar ihre Existenz. Daher ist die Hervorhebung einer solchen, insbesondere auf der schönsten Nordseeinsel, Balsam für die ostwestfälische Seele. Die Nennung der Stadt an dieser Stelle hat gleich mehrere Gründe: Wie bereits die Fahne auf der Aussichtsdüne bezeugt, gehört die heimelige Plattform zum Haus Wolfgang. Und dieses Haus ist quasi ein Teil von Gütersloh.

Träger des Hauses ist der Verein »Haus Wolfgang – Evangelische Ferienstätte auf Spiekeroog e.V.« mit Sitz in Gütersloh. Der gemeinnützige Trägerverein wurde 1948 mit dem Ziel gegründet, allen Erholungssuchenden einen Aufenthalt am Meer zu ermöglichen. Gütersloher Erholungsfreizeiten finden auf Spiekeroog bereits seit 1925 statt. Damals organisierte Pastor Johannes Niemann die ersten Fahrten zur Insel und mietete dazu im Inselwesten eine Steinbaracke. Als das Mietverhältnis zehn Jahre später endete, wurde den Güterslohern ein Grundstück östlich des Dorfs angeboten. Dort errichtete man 1936 das erste Erholungsheim, ein Holzfachwerk. Ein Begründer des Hauses war der Fabrikant Fritz Niemöller, nach dessen früh verstorbenem Sohn Wolfgang das Haus benannt wurde. Der heutige Gebäudekomplex entstand nach umfangreichen Neu- und Umbauten.

Adresse Höhe Haus Wolfgang, Evangelische Ferienstätte auf Spiekeroog e.V.,
Tranpad 14, Tel. 04976/261, Anmeldung und Information Haus Wolfgang e.V.,
Kirchstraße 15, 33330 Gütersloh, Tel. 05241/532930 | **Zugang** am Haus Wolfgang
dem Weg in die Dünen folgen, rechts in den Stichweg einbiegen | **Tipp** Nach dem
Sonnenbad auf der Aussichtsdüne lohnt ein Sprint zum traumhaften Sandstrand.

79__Schröders Feine Kost

Gaumenfreuden und verführerische Leckereien

In der Käsetheke gibt es ausschließlich Käse, aber auf der Theke findet man sie: die beliebte Fassbutter von Kühen von der französischen Atlantikküste. Manche Gäste kommen extra wegen der unverpackten Butter zum Feinkostlädchen von Hannes und Elke Schröder. Andere ziehen die im Geschäft angebotenen exquisiten Käsesorten und Weine an. Wieder andere lieben die erlesenen Schokoladen, Marmeladen, Feingebäck oder Tee.

Schon im Jahr 1980 kam das aus Oldenburg stammende Ehepaar nach Spiekeroog, um ein von der Molkerei Esens gepachtetes Molkereigeschäft zu übernehmen. Hannes und Elke Schröder führten den kleinen Milchprodukt-Vertrieb zunächst weiter (damals wurden vor allem die Kinderheime auf der Insel beliefert), stellten aber nach dem Kauf des Geschäfts im Jahr 1983 ihre Produktpalette allmählich um – und schufen so ihren Wunsch-Feinkostladen.

Im heutigen Geschäft wird ein gemessen an der Fläche überaus reichhaltiges, individuell zusammengestelltes Sortiment hochwertiger Lebensmittel (Feinkost, Bio-Lebensmittel, Bio-Feinkost) angeboten. Zahlreiche Lieferanten, darunter Direktimporteure aus Frankreich, sorgen insbesondere in den wichtigsten Angebotssparten des Lädchens – Käse, Wein und Naturkost – für eine vielfältige Produktauswahl. Brot und Obst kann man bei Schröders hingegen nicht kaufen.

Bei Kunden hoch geschätzt wird der kleine Feinkostladen für sein außergewöhnliches Verleihangebot: Vor allem zu Weihnachten und Silvester sind die ausleihbaren zehn Fondue- und 20 Raclettegeräte immer vergriffen. Bekannt ist Schröders Feine Kost auch wegen einer alten Registrierkasse, die bis in den Sommer 2017 ihren Dienst verrichtete. Dann allerdings wurden die Wartungsarbeiten für die Instandhaltung der mechanischen Kasse zu aufwendig – ihre wohlverdiente Altersruhe verbringt die Kasse bei einem Ehepaar im schönen Papenburg.

Adresse Schröders Feine Kost, Noorderloog 8, Tel. 04976/336 | **Öffnungszeiten**
April – Okt. Mo – Sa 8.30 – 12.30 und 15 – 18 Uhr, Nov. – März Mo – Fr 9 – 12.30 und
15 – 18 Uhr, Sa 9 – 12.30 Uhr | **Tipp** Für Leib und Seele wichtig ist neben hervor-
ragendem Essen natürlich auch Sport: Im nahen Schwimmbad kann man auch im
Winter seine Runden drehen (Inselbad & Dünenspa, Noorderpad 20).

80 Die Schwalben auf der Spiekeroog II

Das sicherste Nest ist die Fähre

Das Gepäck ist verstaut, nun geht es über die Rampe an Bord der Spiekeroog II. Als eine von drei Fähren ermöglicht sie die sichere Überfahrt zwischen Neuharlingersiel und Spiekeroog. Und da passiert es: ein tief fliegender Vögel schießt am Kopf eines Fahrgastes vorbei. Staunend hält der Gast inne – eine Schwalbe hätte er hier nicht erwartet.

Seit 2012 hat die Rauchschwalbe ein Nest auf der Spiekeroog II. Versteckt war dieses zunächst hinter dem Schornstein, seit Kurzem ist es an einer verborgenen Stelle am Unterdeck. Die Rauchschwalbe, die ihren Namen ihrer Vorliebe für dunkle Gebäudeecken (inklusive Kaminqualm) verdankt, begleitet in der Brutzeit die Fährgäste auf jeder Überfahrt, wobei sie ihre gefräßige Brut mit Fluginsekten versorgt. Vermutlich bietet die Spiekeroog II eines der sichersten Nester auf den ostfriesischen Inseln, wie ein beliebter Ornithologe lächelnd betont. Tatsächlich trauten sich Elstern und andere Raubvögel bislang nicht bis an die Fähre heran.

Die Spiekeroog II als sicheren Brutort schätzte auch die Mehlschwalbe, deren Nestbauvorhaben auf der Fähre beim Menschen jedoch wenig Anklang fand. Denn ausgerechnet über dem Fenster des Kapitäns versuchte der Vogel immer wieder, sein Nest zu errichten – inzwischen hat die Mehlschwalbe ihre Brutversuche auf der Fähre aber ad acta gelegt.

Rauchschwalben brüten häufig auf Spiekeroog und können ihre Fluginsekten auch durch Begleitservices beim Menschen beziehen: Spaziergänger am Wiesensaum scheuchen die beliebten Futtertiere auf. Die scheue Mehlschwalbe konnte sich hingegen auf Spiekeroog trotz einiger Kunstnester wegen der Insektenarmut im Frühjahr (eisige Inselwinde!) kaum etablieren – auf dem Festland bei Neuharlingersiel brütet sie hingegen häufig. Im Winter zieht es beide Schwalbenarten nach Zentralafrika.

Adresse Hafen von Spiekeroog | **Tipp** Auf der 1981 in Leer erbauten Spiekeroog II gibt es im unteren Salon eine hinreißend fotografierte, beschriftete Bilderwand: »Die Spiekerooger Schifffahrt im Wandel der Zeit«. Eine bis vor Kurzem im Hafen von Spiekeroog liegende, zum Schiffsrestaurant umgebaute Fähre (Spiekeroog III) liegt inzwischen in Leer vor Anker. Die Mitarbeiter des beliebten Restaurants hatten auf der Insel keinen Wohnraum mehr gefunden.

81 Die Schwäne als Wetterzeichen

Glaubensbekenntnis auf dem Kirchendach

Wer an der Alten Inselkirche in die Höhe blickt, wird ihn unschwer erkennen – auf dem Dachreiter dreht sich ein Schwan als Wetterzeichen im Wind. Auch auf dem Glockenturm der Neuen Evangelischen Kirche bewegt sich ein Schwan.

Beide evangelischen Kirchen schmückt also ein Schwan. Genauer gesagt: beide evangelisch-lutherischen Kirchen … Denn den Schwan als Wetterzeichen gibt es überall dort, wo evangelisch-lutherische und evangelisch-reformierte Gemeinden nah beieinanderliegen. Dies ist vor allem in Ostfriesland der Fall, wenngleich mit regionalen Unterschieden: Im Norden und Osten sind lutherische Kirchen besonders häufig, im Westen hingegen reformierte. Die evangelischen Kirchen der ostfriesischen Inseln sind lutherisch, lediglich auf Borkum (als westlichster Insel) findet man eine lutherische und eine reformierte Kirche.

Zur Herkunft des Schwans auf lutherischen Kirchen gibt es eine alte Legende. Als der tschechische Reformator Johann Hus am 6. Juli 1415 auf dem Konzil von Konstanz wegen angeblicher Ketzerei zum Tode verurteilt wurde, soll er der Überlieferung nach gerufen haben: »Ich bin eine Gans (tschechisch »hus«). Mich könnt ihr verbrennen, aber nach mir wird ein Schwan kommen, den könnt ihr nicht rösten.« Oder auch: »Heute bratet ihr eine Gans, aber aus der Asche wird ein Schwan auferstehen.«

Diese prophetischen Worte wurden mehr als 100 Jahre später von Anhängern der Reformation auf Martin Luther bezogen, der trotz vielfacher Bedrohung seine Überzeugung nicht mit einem gewaltsamen Tod bezahlen musste. Im Andenken daran thront der Schwan auf lutherischen Kirchtürmen. Reformierte Kirchen zeigen hingegen meist einen Hahn: Er erinnert an die Verleugnung des Petrus und mahnt zur treuen Nachfolge Christi.

Adresse Alte Inselkirche, Süderloog 9; Neue Evangelische Kirche, An d'nee Kark 1 | **Tipp**
Die Inselpastorin Konstanze Lange bietet sommertags »meditative Strandspaziergänge mit
kirchlichem Bezug« an. Ausprobieren!

82 Die Schwimmdächer

Wenn das Dach zum Floß wird

Eine Spiekerooger Besonderheit sind die Drifthäuser (Drifthuus, Drievhuus). Ihren Dächern, von denen man annimmt, dass sie um 1700 viele Inselhäuser trugen, wird eine spektakuläre Eigenschaft zugeschrieben: Für den Fall, dass ein Haus im Orkan zerstört würde, sollte das Dach als Rettungsfloß dienen – und bei Nordwestwind, der auf der Nordsee häufig weht, ans Festland getrieben werden.

Mythos oder Wahrheit? Mitreißend skizziert der Heimatforscher Johannes Meyer-Deepen in seinem Buch über das alte Inselhaus die Funktionsweise eines solchen Schwimmdachs: »Im Falle äußerster Bedrängnis flüchteten die Familien auf den Dachboden, warfen zur Sicherstellung der Tragfähigkeit ihres Schwimmdaches die Dachziegel ab, stürzten den Schornstein heraus und lösten die festgenagelten Aufschiefblinge. Stürzten die lehmgemauerten Wände bei steigender Flut an, so löste sich das Schwimmdach von den Ständern … und wie auf einem Segelschiff trieben Mensch und Vieh über das Wattenmeer dem Festland zu. So manche Inselfamilie … fand sich bei Ebbe irgendwo auf dem Stoppelfeld eines Marsch- oder Geestbauern wieder.«

Tatsächlich gefunden wurden solche Schwimmdächer auf Feldern nicht, und manch einer bezweifelt ihre Existenz vehement. So beschrieb der niedersächsische Volkskundler Volker Gläntzer jene Dächer kürzlich als Erfindung der ostfriesischen Heimatforschung – unter anderem deswegen, »weil ein schwimmfähiges Dach, das sich bei Sturmflut vom Haus lösen kann, im Baubefund nicht nachweisbar und technisch kaum denkbar ist«.

Im Gegensatz zu anderen ostfriesischen Inseln findet man Schwimmdächer auf Spiekeroog bei alten Gebäuden in der Dorfmitte noch relativ häufig. So sollen die Alte Inselkirche und das Alte Inselhaus solche Dächer tragen, Reste jener Konstruktionen, beispielsweise alte Dachbalken, findet man aber auch am Drifthuus (Foto), am Huus Puppenstuv und im Restaurant de Balken.

Adresse Alte Inselkirche, Süderloog 9; Altes Inselhaus, Süderloog 4; Drifthuus, Süderloog 13; Huus Puppenstuv, Noorderloog 14; Restaurant de Balken, Noorderloog 15 | **Tipp** Aus den angegebenen Adressen lässt sich ein kleiner »Schwimmdach-Rundgang« basteln: Süderloog 4, 9 und 13, Noorderloog 15 und 14.

83 Der Selleriegraben
Der Ursprung unseres Gemüses

Offiziell führt er keinen Namen. Aber so mancher Botaniker bezeichnet den wegbegleitenden Graben, der am Campingplatz in Richtung des einstigen alten Anlegers verläuft, tatsächlich als Selleriegraben. Und dies aus gutem Grund: Dort gedeiht der Echte Sellerie, die Wildform unseres aus dem Supermarkt vertrauten Selleries.

Interessanterweise finden sich in den meisten gängigen Bestimmungsbüchern kaum Hinweise auf den Echten Sellerie. Dies gilt kurioserweise auch für eine zweite Pflanze, die entlang des Grabens wächst: den Wiesen-Wasserfenchel. Grund für die fehlende Buchpräsenz ist vermutlich, dass sowohl der Echte Sellerie als auch der Wasserfenchel in Deutschland sehr selten geworden sind. Echter Sellerie ist entgegen den bekannten Bildern im Supermarkt in den meisten Bundesländern vom Aussterben bedroht. Der Wiesen-Wasserfenchel soll – abgesehen von einigen Pflanzen auf Spiekeroog und Einzelexemplaren an der Küste oder auf zeitweise überfluteten Wiesen – sogar nur noch in der Rheinniederung Mittelbadens zu finden sein. Weswegen die beiden schutzbedürftigen Arten ausgerechnet in der Nähe des Zeltplatzes gedeihen, ist ein wohlgehütetes Inselgeheimnis.

Der echte Sellerie ist eine krautige, 30 bis 100 Zentimeter hohe Pflanze mit einer verzweigten Sprossachse und dunkelgrünen, aus Fiedern zusammengesetzten Blättern; die Blütenstände tragen zierliche weiße Kronblätter. In der Volksmedizin wurde die Pflanze bei Nierensteinen und Verdauungsstörungen, aber auch als Aphrodisiakum verwendet. Aus dem Echten Sellerie wurden ab dem 17. Jahrhundert Kultursorten wie Knollen-, Stauden- und Schnittsellerie gezüchtet. Bestimmungsunsichere Selleriefreunde, die sich am Selleriegraben auf die Suche nach dem Ursprungsgemüse begeben, können sich auf ihre Nase verlassen: Der typisch würzige Selleriegeruch lässt sich auch bei der Wildform erschnüffeln.

Adresse Höhe Campingplatz, Palisadendiek 2 | **Zugang** über Westend und Palisadendiek, der Graben befindet sich entlang des Zeltplatzes auf der linken Wegseite | **Tipp** Oft begleiten Vertreter kleiner Schmetterlingsarten und andere Insekten die Selleriesuchenden. Geht man zu weit, eröffnet sich das Reich der bildhübschen Stranddistel.

84_ Das Sonnentauwäldchen

In Gedenken an eine fleischfressende Pflanze

In einem feuchten Dünental von Spiekeroog lebte einst eine kleine fleischfressende Pflanze. Das, was sie liebte, gab es dort in Hülle und Fülle: Sonnenlicht, nährstoffarme Böden, Feuchtigkeit und eine Menge Insekten. Um die Insekten zu fangen, bediente sie sich einer ausgefeilten Technik. Ihr Körper besaß langstielige Drüsenzotten, die auf ihren Spitzen wie Tau glitzernde Tropfen trugen. Die funkelnden und duftenden Tautropfen der Pflanze lockten Insekten an, die von dem klebrigen Sekret festgehalten und schließlich an sogenannte Verdauungsdrüsen weitergereicht wurden. Aufgrund ihres Aussehens und ihrer Liebe zum Licht war (und ist) die Pflanze überall als Sonnentau bekannt.

Mit der Zeit jedoch gesellten sich im feuchten Dünental Moorbirken und Zitterpappeln an die Seite des Sonnentaus. Sie hatten sich durch Samenflug selbst gepflanzt und raubten dem kleinen Fleischfresser das Licht; zudem entzogen sie dem Boden Feuchtigkeit. Durch die neuen Bedingungen ging es dem Sonnentau immer schlechter; viele Pflanzen starben. Schließlich, man weiß nicht mehr, wann, ging auch der letzte Sonnentau zugrunde.

Was jedoch blieb, ist ein wunderschönes Laubwäldchen, das in Gedenken an seine einstigen Bewohner noch heute Sonnentauwäldchen heißt. Zu den Besonderheiten des natürlich gewachsenen Wäldchens gehören seine mit vielen Moosen bewachsenen Sanddünen: ein Zeichen dafür, dass immerhin noch eine gewisse Restfeuchte vorhanden ist. Auch das Phänomen des Windschurs ist in diesem Wäldchen gut zu sehen. Die windgeformten Bäume sind klein und schmiegen sich in das Tal (Windschurbäume).

Ein unvergessliches Erlebnis ist auch ein geführter Morgenspaziergang ins Sonnentauwäldchen (siehe Ort 61) oder ein Besuch an neblig-feuchten Wintertagen: Nähert man sich dann dem Wald vom Tranpadwäldchen, schimmern die Kronen der Birken violett bis auberginefarben.

Adresse Sonnentauwäldchen, östlich des Dorfs | **Zugang** dem Friederikenweg in den Wald folgen, auf dem großen Platz links, hinter dem schmalen Weg durch die hohen Kiefern rechts | **Tipp** Am Rande des Sonnentauwäldchens (Abzweig im Sonnentauwäldchen nach rechts) steht über dem Wald eine idyllisch gelegene Bank, an der man bis zur Bake an der Mutter-Kind-Klinik schauen kann. Hinter ihr gedeiht ein prächtiger Stechginsterbusch.

85___Das Sperberwäldchen
Als mit dem Räuber auch die Stille ging

Geht man den Tranpad in Richtung Meer, eröffnet sich hinter dem Abzweig zum Ostend und einer kleinen Anhöhe – rechter Hand liegt das Grundstück der Familie Rau – das Tranpadwäldchen. Wendet man sich wenige Meter weiter nach rechts, betritt man eine andere Welt. Viele Menschen schreiten leise durch diesen mystischen, mit hohen Kiefern und Stechpalmengruppen durchzogenen Wald. In einem unterholzfreien Bereich lädt eine Bank zum Verweilen ein.

200 Meter hinter der Abzweigung zum Tranpad verändert sich das Bild des Waldes – dort fehlen die hohen Bäume, stattdessen trifft man auf Birken, Buchen und Eschen.

In diesem heimeligen Niederwald erlebte Edgar Schonart, der unvergleichliche Ornithologe der Insel (siehe Ort 20), 2008 eine große Überraschung. Als er den Wald betrat, ertönte nahebei ein leises »gigigig«, der Warnruf des bis dahin auf Spiekeroog nicht als Brutvogel bekannten Sperbers. Als Schonart in die Höhe blickte, schauten ihm vier junge, neugierige Augenpaare entgegen – Schonart stand unter dem Horst eines Sperbers. Es war die Geburtsstunde des Sperberwäldchens, das der Ornithologe fortan so benannte. Der Name des zuvor sprachlich nicht eindeutig bezeichneten Waldabschnitts hat sich inzwischen auf der Insel herumgesprochen.

Ob der Sperber schon vorher im Sperberwäldchen brütete, ist unbekannt. Seit 2008 wurde der wendige Jäger mit dem weißen, blaugrau quer gebänderten (gesperberten) Bauch zunächst jährlich in seinem Wäldchen gesichtet – (nahezu) jedes Jahr errichtete das Paar an anderer Stelle seinen Horst. Sperber ernähren sich von Kleinvögeln, die sie in deren Flug erbeuten. Ihre Nahrungspräferenz ist ein Grund, warum es im Sperberwäldchen oft so ruhig war. In den letzten Jahren brütete der Sperber jedoch nicht mehr in seinem bezaubernden Wäldchen – und in dem bis dahin nahezu stillen Terrain singen nun wieder die Vögel.

Adresse nahe Tranpad, Abzweigung Ostend | **Tipp** Im sperberfreien Sperberwäldchen lassen sich in der Dämmerung die seltenen Waldschnepfen aufspüren. Inzwischen brütet auch der Buntspecht im Sperberwäldchen.

86 Spundwand & Co

Ein faszinierender Küstenschutz-Rundweg

Um den im Westen Spiekeroogs anbrandenden Fluten zu trotzen, haben sich die Menschen im Laufe der Geschichte immer wieder etwas Neues einfallen lassen. Manche Küstenschutzmaßnahmen waren erfolgreich, andere weniger. Einige schützende Bauwerke wurden wieder abgebaut, andere vom Sand begraben, wieder andere gibt es noch immer.

Ein spannender Rundweg zu diesem Thema lässt sich auf der Straße zwischen Westend und Zeltplatz beginnen. Diese Straße erhielt 1982 den Namen Palisadendiek, um an ein Pfahlwerk, die bis 1936 gegen die Brandung errichteten Palisaden, und an den bereits 1832 erbauten Deich (diek, plattdeutsch für Deich) zu erinnern. Jener Deich war nötig geworden, um die Verbindung zwischen den südwestlichen Dünen und dem Hauptteil Spiekeroogs aufrechtzuerhalten.

Entlang am Palisadendiek und Zeltplatz bis zum Infopavillon, dort rechts, durch die Dünen zum Meer und wieder rechts streift man nach wenigen Gehminuten einen erst kürzlich vollendeten Küstenschutzbau: In Höhe des Zeltplatzes wurde 2017 eine Sandaufspülung vorgenommen, um die Dünen auf einer Breite von 400 Metern vor den nächsten Sturmfluten zu schützen. 80.000 Kubikmeter Sand waren mit einem Saugbagger aus dem Seegatt entnommen und über eine einen Kilometer lange Pipeline zu den Dünen transportiert worden.

Weiter geht der Weg entlang der spektakulären Hessenwand (siehe Ort 38) und der 1936 errichteten Spundwand. Im Gegensatz zur Hessenwand werden auf die Spundwand auftreffende Wellenberge in die Höhe getrieben und bilden steile Wasserwände und Fontänen. Für viele ältere Feriengäste und Insulaner hat die Spundwand auch nostalgischen Wert, weil auf ihr immer wieder bis heute im Gedächtnis haftende Worte aufgebracht wurden. So sprühten Feriengäste 1988 auf die Wand den Satz »Sagt euren Enkeln, es war einmal schön hier. Die Nordsee«. Dahinter war ein Kreuz aufgesprüht.

Adresse Inselwesten | **Zugang** Der Küstenschutz-Rundweg beginnt am Old Laramie, Westend 5. | **Tipp** Das Wegende befindet sich am Dünendurchgang schräg gegenüber dem Laramie. Auch dort gibt es Küstenschutzwerke zu sehen. Vielleicht gibt der Sand eines Tages den einen oder anderen im Sand versunkenen Tetrapoden wieder frei.

87 Der Starenchor am Teetied

Folgenschwere Konzerte in der Lindenkrone

Ihren Auftritt haben sie vor allem an warmen Abenden im Sommer und Herbst. Wer sich dann der hohen Baumgruppe am Teetied-Restaurant nähert, kann schon von Weitem die lauten Gesänge Abertausender Vögel vernehmen. Auf den ersten Blick sind die Sangeskünstler nicht einmal sichtbar – sie sitzen verdeckt vom Blätterwerk vor allem in der Krone der mächtigen Linde, aber auch in den oberen Zweigen der beiden Kastanien. Bis zu 5.000 Vögel, fast ausnahmslos Stare, fallen dort an manchen Abenden zur Dämmerung geschlossen von den Wiesen her ein und begeistern die Besucher mit ihren Stimmen bis zur mitternächtlichen Stunde.

Jährlich brüten auf Spiekeroog etwa 50 Starenpaare. Im Jahresverlauf werden die Vögel des Starensembles durch zugereiste Stare vom Festland allmählich zahlreicher und können bis in den Spätsommer viele ihrer Kollegen für die Freuden der Insel gewinnen.

Ein weniger schönes Nebenwerk der Starsänger ist ihr Kot, der vor allem auf die unter den Bäumen befindliche Südterrasse des Teetied sowie auf die Büsche und die Straße vor dem Restaurant fällt. Zu Stoßzeiten entschwinden die Besucher des Restaurants in das Innere des schönen Lokals, und die Musiklauschenden wählen eine Achtung gebietende Distanz zu den betreffenden Bäumen. Die vornehmlich weißen, mitunter aber auch violett eingefärbten Verdauungsreste – Stare fressen gern die im Sommer reifenden, dunkelviolett bis schwarz gefärbten Krähenbeeren – verschwinden nach spätestens zwei Regengüssen von Terrasse und Bäumen, sind aber bis dahin für viele ein störender Blickfang.

Ob mit oder ohne Starenkonzert, ein Besuch des in seinem Kern bereits aus dem 19. Jahrhundert stammenden und 1929 umgebauten Teetied-Restaurants lohnt sich sehr. In dem ehrwürdigen Haus, das früher die Alte Inselbäckerei beherbergte, kann man in der heutigen Teestube erstklassigen Ostfriesentee (und vieles mehr) genießen.

Adresse Teetied, Süderloog 1, die Südterrasse liegt in Richtung Hafen | **Tipp** Gegenüber vom Teetied lädt der liebevoll von der Dorfgemeinschaft gestaltete Dorfplatz Jung und Alt zum Spielen und Verweilen ein. Es gibt einen großen Sandkasten, Schaukelpferde und Bänke, auch ein Kunstwerk ist zu bestaunen.

88_Die Stranddistel-Reiche

Die wehrhafte Schöne ist hochsensibel

Leicht hat es die Stranddistel nicht. Sie kann nur dort gedeihen, wo es frischen Sand gibt, der Nährstoffe aus dem Meer enthält. Dies ist in den Weißdünen der Fall, wo sie zusammen mit dem Strandhafer steht und sich mit ihrer über einen Meter tiefen Pfahlwurzel mit Wasser aus dem Dünensand versorgt. Die wehrhafte Schönheit mit den stacheligen graugrünen Blättern und den amethystblauen Blütendolden war früher eine häufige Pflanze der deutschen Nord- und Ostseeküste, wurde aber immer wieder als Urlaubsmitbringsel gepflückt. Durch Ausgraben, Abpflücken und Kaninchenverbiss wurde die Pflanze sehr selten, avancierte zur Wappenpflanze des Naturschutzes und zierte alsbald die Titelseiten der Roten Listen. Heute kommt die Stranddistel in Niedersachsen nur noch an wenigen Stellen im Nationalpark Wattenmeer, vornehmlich auf den Inseln, vor.

Obwohl genaue Erhebungen fehlen, gibt es in Deutschland vermutlich nirgendwo mehr Stranddisteln als auf Spiekeroog. Die Pflanze gilt als Symbolart für die Insel. Vor allem das Fehlen von Kaninchen – sie wurden auf Spiekeroog bereits um 1900 ausgerottet –, die Naturbelassenheit der Insel und die stürmische Dünenbildung im letzten Jahrhundert werden für die weite Verbreitung der Pflanze verantwortlich gemacht.

Die Stranddistel ist an die extremen Lebensbedingungen in den Weißdünen gut angepasst: Durch ihr weitverzweigtes Wurzelwerk erschließt sie die in den Dünen knappen Wasserreserven und übersteht durch den Wind verursachte Übersandungen. Die distelartigen Blätter (die Stranddistel ist keine Distel, sondern ein Doldengewächs) bieten einen gewissen Schutz vor Fressfeinden und trotzen durch ihre Härte im Sturm auch scharfkantigem Sand. Die Pflanze ist zudem durch eine feine Wachsschicht bläulich weiß bereift und schützt sich damit vor starker Verdunstung und intensiver Sonneneinstrahlung.

Adresse nahe beim alten Anleger, Südwestspitze der Insel | **Zugang** vom Zeltplatz in Richtung Infopavillon, dort den geradeaus führenden Pfad nehmen (Pavillon bleibt rechter Hand) | **Tipp** Besonders herrlich anzuschauen ist die Stranddistel während der Blütezeit (Juni–Okt.). Die Blüten sind ein Magnet für Schmetterlinge. Achtung: Der Weg in Richtung Anleger darf während der Vogel-Brutzeit (April–Juli) nicht betreten werden. Es sollten keinerlei Teile der Stranddistel mitgenommen werden. Auch das Abbrechen verwelkter Teile schädigt die Pflanze.

89___Die Strandkrabbe Meertinus

Ein kundiger Wegbegleiter

Das Lebenselixier der Strandkrabbe ist das Wasser. Mit einer Ausnahme: Im Inselinneren von Spiekeroog lässt sich an vielen Stellen eine braun getünchte Krabbe mit wachen Augen und grüner Pudelmütze entdecken: die Strandkrabbe Meertinus.

Besonders häufig ist sie im Nationalpark-Haus Wittbülten anzutreffen, wo sie in Sprechblasen Erklärungen zum Haus und zu Umweltschutzfragen verkündet und sogar die Wände der Toiletten mit ihren Botschaften ziert. Man findet die Krabbe aber auch östlich des Dorfs zwischen den Dünen, wo sie zehn faszinierende Orte eines malerischen Rundwanderwegs markiert und die Wegrichtung weist. In einem Faltblättchen verrät die Krabbe spannendes Insiderwissen zu jedem dieser Plätze. Blutjung ist Meertinus allerdings nicht mehr, was seine bisweilen abblätternde Farbe beweist. Als das Umweltzentrum Wittbülten am 11. März 2006 eröffnet wurde, gab es den fröhlichen Begleiter des Dünenspaziergangs schon mehrere Jahre.

Benannt wurde die vom Bremer Grafiker, Künstler und Illustrator Reno Lottmann im Auftrag des Wittbülten und der Firma SigNatur (Göttingen) entworfene Krabbe nach dem Wissenschaftler Professor Dr. Meertinus Meijering. Der die Natur über alles liebende Forscher lehrte neun Jahre Biologie an der Hermann Lietz-Schule, bevor er eine Wissenschaftskarriere einschlug und unter anderem in Ökologie-Kursen der Universität Kassel jährlich die von Salz beeinflussten Tümpel der Dünen und Hellerflächen Spiekeroogs untersuchte. Zusammen mit dem inzwischen verstorbenen Heimatforscher Johannes Meyer-Deepen schrieb er in den 1970er und 1980er Jahren zwei Buchklassiker zur Geschichte und Naturkunde Spiekeroogs. Ein Kennzeichen Meijerings war seine grüne Pudelmütze, die auch Meertinus überaus schätzt. Bisweilen kommt Meijering auch heute noch auf die Insel. Inzwischen soll er aber eine rote Pudelmütze tragen.

Hier läuft's ohne Wasser –
der Umwelt zuliebe!

Adresse östlich des Dorfs | **Zugang** Ein guter Ausgangspunkt für den vier Kilometer langen Dünenspaziergang mit der Strandkrabbe ist der Friederikenweg/Kreuzung Ostend. Hier kann man auch für einen Euro das Faltblättchen zum Rundweg erwerben. | **Tipp** Der Weg bietet zu jeder Jahreszeit und bei jeder Witterung Genuss und Abenteuer zugleich.

90_ Strandmobil und Wattmobil

Inselgefährten bei eingeschränkter Mobilität

Auf Spiekeroog können sich auch Menschen mit eingeschränkter Mobilität gut fortbewegen. Zwei seit Kurzem auf der Insel zu findende Fortbewegungsmittel für weniger Bewegliche sind das solarstrombetriebene Strandmobil und das Wattmobil.

Als das Anfang April 2017 nach Spiekeroog gelieferte Solar-Strandmobil zunächst im Foyer der Kogge (an der Touristeninformation) unterkam, erweckte das traktorähnliche Gefährt mit seinem zweiarmigen, nahezu frei schwebenden Solardach vor allem bei Kindern großes Aufsehen. Ein auf dem Fahrzeug angebrachtes Plakat wies jedoch darauf hin, dass es sich nicht um ein Kletterspielzeug handelte. Im Sommer steht der selbstfahrende, motorisierte Strandrollstuhl nun an der Strandkorbvermietung am Hauptstrand und wird dort an Menschen mit Gehbehinderung vermietet. Im Winter kann das 13.000 Euro teure Gefährt ebenfalls angemietet werden – es steht aber dann an der Kogge. Mit einer offiziellen Reichweite von zehn Kilometern ist der Aktionsradius des Strandrollstuhls recht begrenzt, allerdings scheint das Mobil auch längere Distanzen zu bewerkstelligen: Bei seiner Jungfernfahrt auf der Insel war der Akku trotz bedecktem Himmel nach vier Kilometern noch zu mehr als zwei Drittel gefüllt.

Ein mit 1.700 Euro vergleichsweise günstiges Gefährt ist das Wattmobil, das von Otmar Franz, einem ehemaligen Europa-Parlamentarier und Vorsitzenden einer Umweltstiftung, ebenfalls 2017 zur Verfügung gestellt wurde. Mit diesem Gefährt können Gehbehinderte im Rahmen einer Nationalparkführung auch das Watt erobern. In dem Mischfahrzeug aus Kettcar und Liegestuhl sitzt man zwischen drei klobigen grauen Rädern so tief, dass man in den Schlick greifen kann. Initiatorin des Wattmobil-Projekts war die engagierte Nationalpark-Wattführerin Anja Sander: Sie erhielt 2016 für die Idee des Wattmobils einen Umweltpreis.

Adresse Strandmobil: Strandkorbvermietung am Hauptstrand (Sommer), Kogge (Winter), 7,50 Euro / Stunde für maximal 3 Stunden, Video: https://youtube/ZoseBKBDnVs., Wattmobil: Kogge. 5 Euro, nur bei gleichzeitig gebuchter Wattführung | **Tipp** Beide Fahrzeuge sollte man frühzeitig reservieren. Für das Wattmobil wird mindestens eine Person zum Schieben benötigt.

91 Das Streichelbecken

Meerestiere im Nationalpark-Haus hautnah erleben

Es sind vor allem Kinder, die mit ihren Händen nach den kleinen Wunderwesen angeln. Miesmuschel und Seestern lassen sich gern entdecken, schwerer aufzufinden ist die gut getarnte Flunder, die Strandkrabbe versteckt sich meist. Auch wenn sich vor dem Aquarium stehende Eltern über den kontaktorientierten Forschungsgeist ihrer Jüngsten erschrecken, Berührungen sind im Streichelbecken streng erwünscht. Natürlich gibt es Einschränkungen, und eine Infotafel ruft zur Rücksicht auf: Das Streicheln der Tiere ist nur ohne Sonnencreme an den Händen erlaubt, und man darf keinen Müll ins Becken werfen. Beides sollte selbstverständlich sein.

Das einzeln stehende Streichelbecken ist Teil einer insgesamt 10.000 Liter fassenden Aquarienanlage, die faszinierende Einblicke in die Unterwasserwelt der Nordsee ermöglicht. Sie steht im Nationalpark-Haus Wittbülten, der einstigen Sporthalle der Hermann Lietz-Schule. Die Museumsgilde, eine Gruppe von Schülerinnen und Schülern dieses Internats, und drei Betreuer, die die Gruppe bei ihrer Arbeit anleiten, kümmern sich täglich um das Wohlergehen der Tiere und die Sauberkeit der Aquarien. Die Gilde hilft auch bei der Aquariengestaltung und erarbeitet Führungen durch die Ausstellung.

Neben der Aquarienanlage lassen sich im Wittbülten, das 2016 sein zehnjähriges Bestehen feiern konnte, eine umfangreiche Dauerausstellung zur Insel Spiekeroog und zur Flora und Fauna des Wattenmeeres bestaunen. Zu den Attraktionen des Nationalpark-Hauses gehört auch ein 14,5 Meter langes und zwei Tonnen schweres Pottwalskelett unter der Hallendecke. Der Wal war im November 2003 bei Norderney gestrandet. Das Nationalpark-Haus dient aber nicht nur der Wissensvermittlung von Umweltthemen an Urlauber und Internatsschüler, sondern bietet mit Kurs-, Laborräumen und Appartements auch Platz für die Forschung von Gastwissenschaftlern.

Adresse Nationalpark-Haus Wittbülten, Hellerpad 2, www.nationalparkhaus-wittbuelten.de | **Zugang** vom Dorf über Hellerpad oder Tranpad in Richtung Osten (circa 2 Kilometer), das Gebäude liegt neben der Hermann Lietz-Schule (Beschilderung beachten) | **Öffnungszeiten** Mitte März–Anfang Nov. Di–So 11–17 Uhr, Anfang Nov.–Mitte März Di, Sa 11–17 Uhr, Erwachsene 4,50 Euro, Kinder, Jugendliche 3 Euro | **Tipp** Im ökologisch bewirtschafteten Café kann man vorzügliche Bio-Speisen und -Getränke genießen. Gemüsesuppen und Sanddornbuttermilch schmecken himmlisch!

92 Das Sturmstillungsfenster

Feine Glaskunst in der Neuen Evangelischen Kirche

»Und er stieg in das Boot, und seine Jünger folgten ihm. Und siehe, da erhob sich ein gewaltiger Sturm auf dem See …« Mit diesen Worten aus dem Markus-Evangelium beginnt die vielen noch aus dem Religionsunterricht bekannte biblische Geschichte über die Stillung des Sturms. Das in der Neuen Evangelischen Kirche neben dem Taufstein im Chorraum zu bewundernde Sturmstillungsfenster wurde beim Bau der Kirche von dem Bremer Künstler Heinz Lilienthal erschaffen. Der Künstler wählte für das Fenster ein besonderes gewelltes Glas, das das Sonnenlicht den Raum in einem ständig bewegten und vielfarbigen Spiel beleuchten lässt. Auch die seitlich im Kirchenschiff zu findenden Fenster mit den Linien und Farben der von Wasser und Himmel umgebenen Insel und das Fenster im Westgiebel, das Jesu Einzug in Jerusalem zeigt, stammen aus der Werkstatt des Künstlers.

Die auf uralten Gräbern errichtete »Sommerkirche« wurde 1961 erbaut, weil aufgrund der zunehmenden Zahl der Feriengäste die alte Inselkirche in den Sommermonaten nicht mehr genügend Platz bot. Die Planung wurde wesentlich bestimmt vom damaligen Pastor Dr. Ernst Arfken und dem Emder Architekten Dr. Eschebach. Der Bau ist eher schlicht gestaltet mit Stein und Holz, auch aufgrund begrenzter finanzieller Mittel. In den 1960er Jahren war es auch Aufgabe dieser Kirche, als größter Versammlungsraum auf Spiekeroog für öffentliche Vorträge zur Verfügung zu stehen. Die Rückenlehnen der Sitzbänke sind deshalb zur rückwärtigen Leinwand hin klappbar. Heute können so im Gottesdienst auch Kleingruppengespräche stattfinden, indem jede zweite Lehne umgeklappt wird. Der Turm ist niedrig und steht neben dem Kirchenschiff. Das ist in Ostfriesland üblich, um die Baumassen auf den aufgeworfenen Warften besser zu verteilen. Die Neue Evangelische Kirche steht seit Kurzem unter Denkmalschutz, die Kirchenfenster wurden aufwendig restauriert.

Adresse Neue Evangelische Kirche, An d'nee Kark 1 | **Öffnungszeiten** ganzjährig täglich
10–18 Uhr | **Tipp** Sehenswert ist auch das Altarbild, das das Gleichnis von den klugen
und den törichten Jungfrauen zeigt. Die Orgel aus der Werkstatt Rudolf Jahnke bietet mit
18 Registern und den spanischen Trompeten vielfältige Klangmöglichkeiten. Der kleine,
liebevoll eingerichtete Eine-Welt-Laden im Glockenturm der Kirche ist ebenfalls einen
Besuch wert (Öffnungszeiten Mi 17–18 Uhr, So nach dem Gottesdienst).

93 Die Sumpfohreulen-Reviere

Die Lieblingsinsel des lautlosen Jägers

Fast jeder Vogelfreund träumt in seinem Leben einmal davon, einer Sumpfohreule bei der Jagd beizuwohnen. Obwohl der hübsche Greifvogel mit den gelben Augen tagaktiv ist, sind die Voraussetzungen für dieses Vorhaben in den meisten Gegenden Deutschlands ungünstig: Die Sumpfohreule ist einfach zu selten und wechselt im Binnenland zudem häufig ihren Standort.

Anders auf Spiekeroog: Von den jährlich in Deutschland zu beobachtenden 50 Brutpaaren kommen mindestens zehn auf Spiekeroog vor. Auf der grünen Insel leben also, bezogen auf die Fläche des Terrains, die meisten Sumpfohreulen Deutschlands. Wer die meist nur wenige Meter über dem Erdboden lautlos jagenden Vögel beobachten möchte, kann dies auf Spiekeroog zwar grundsätzlich das ganze Jahr über tun, wird aber vermutlich im April und Mai am erfolgreichsten sein. Zu dieser Zeit brüten die Tiere und erjagen dann für ihre Brut neben Mäusen auch Jungvögel.

Obschon die Vögel auf Spiekeroog an einigen Orten anzutreffen sind, gibt es manche Plätze, an denen sie häufiger vorkommen. Erfolgversprechend ist vor allem ein kleines Areal nahe den Süderdünen.

Zu den Merkmalen der etwa krähengroßen Eule gehört neben ihrer Augenfarbe vor allem der runde Kopf. Das auf dem Boden oder in Bodennähe angelegte Nest enthält meist sieben Jungeulen, die das Gelege bereits nach zwei Wochen verlassen (Nestflüchter). Für die Elterntiere ist es vermutlich nicht leicht, ihren im großen Umkreis umherstreunenden Nachwuchs aufzuspüren und mit Futter zu versorgen. Faszinierend ist das Flügelklatschen dieser Eulen, das zum Beispiel während der Balz in Sturzflügen eingesetzt wird.

Sumpfohreulen werden meist nur wenige Jahre alt. Die bisher älteste frei lebende Sumpfohreule lebte 20 Jahre und neun Monate und ist – niemanden wird es überraschen – eine Spiekeroogerin.

Adresse Dünental am Infopavillon, südlich des Zeltplatzes | **Zugang** hinter dem Zeltplatz zum Pavillon, dort rechts am Pavillon vorbei ins Dünental | **Tipp** Am besten legt man sich flach mit dem Kopf nach oben ins Tal – mit etwas Glück schießt dann zwischen 17 und 19 Uhr eine lautlos fliegende Eule vorbei.

94__ SUP-Yoga auf dem Meer
Glückshormone garantiert

Nahezu synchron heben die Teilnehmer des SUP-Yoga-Kurses ihre Hände in Richtung Himmel. Danach geht es langsam in die Hocke und den Vierfüßlerstand. Ein Strandwanderer bestaunt gedankenversunken das sich stetig wandelnde Bild auf dem Meer.

Stand-Up-Paddling-Yoga ist eine junge, bislang wenig verbreitete Form des Yoga, bei der sich die Teilnehmer auf einem auf dem Wasser schwimmenden Board bewegen. Zur Ausstattung gehören auch Paddel, Anker und auf Spiekeroog ein vor Wind, Kälte und Wasser schützender Neoprenanzug. SUP-Yoga wird meist auf Seen oder in Flussbuchten angeboten – auf dem Meer ist diese Yoga-Form noch eine echte Rarität.

Yoga auf dem Board erfordert Mut und hohe Konzentration. Dafür darf man hinterher in einem Meer aus Endorphinen baden, mitunter sogar wochenlang. Auch Muskelkater ist nicht selten – es gibt kaum einen Muskel, der beim SUP-Yoga nicht beansprucht wird. SUP-Yoga kann von alten Yoga-Hasen und Neulingen praktiziert werden – für Maxie Neubacher, eine der beiden Leiterinnen der Gruppe, steht vor allem der Spaß im Vordergrund. Dass man sich bei Wind und Wellen nicht immer auf dem Board halten kann, ist Teil des Naturerlebnisses. Maxie, die in Göttingen 1987 das Licht einer damals (in Europa) noch yogaarmen Welt erblickte, war seit ihrem dritten Lebensjahr regelmäßige Besucherin von Spiekeroog. Seit 2014 lebt sie auf der Insel, SUP-Yoga bietet sie seit 2016 an. Zuvor hatten bereits Dirk Nannen vom Old Laramie und Kristin Bergmann, mit der Maxie zusammen die Yogaschule »Ankerglück« leitet, ab und an SUP-Yoga angeboten. Kristin, Osteopathin und ebenfalls Yogalehrerin, leitet seit 2005 eine eigene Praxis auf der Insel. Zu Maxies und Kristins größten Wünschen zählt, dass Spiekeroog eines Tages Yoga-Insel wird. Mit der 2016 gegründeten Yogaschule, zu der seit Kurzem auch ein fester Gruppenraum gehört, hat sich ein Teil ihres Wunsches bereits erfüllt.

Adresse Meer nahe Westend, Old Laramie (Westend 5). Im Laramie (Treffpunkt) bekommt man Neoprenanzug, Board, Paddel und Anker. 90 Minuten 38 Euro, 5er-Karte 170 Euro. Anmeldung im Old Laramie oder bei Maxie per SMS an Tel. 0177/4300727. | **Tipp** In der Yogaschule »Ankerglück Yoga Spiekeroog« (Süderloog 10, ankerglueckyoga@googlemail.com) bieten Maxie Neubacher und Kristin Bergmann das ganze Jahr über Yoga-Kurse an.

95__ Tango auf der Winterinsel

Mit den Füßen träumen

Wer sich einmal in den Tango verliebt hat, für den ist dieser Tanz ein Leben lang (fast) alles: Leidenschaft, Innigkeit und Hingabe, Genuss und Kreativität, ein süchtig machendes Lebensgefühl. Obwohl Tango Argentino nahezu an jedem Ort der Welt getanzt werden kann, gibt es immer wieder Plätze, die die Tanzenden besonders in ihr Herz schließen. Einer dieser Lieblingsorte ist Spiekeroog – und zwar vor allem in der dunklen Jahreszeit.

Die Geschichte vom »Tango auf der Winterinsel« begann 2002. Ralf Brand, der sich zwei Jahre zuvor in Osnabrück als Tangolehrer (Tanzschule »Tango fuego«) selbstständig gemacht hatte, wollte seinen Traum, Tango-Veranstaltungen in heimeliger Atmosphäre in der Fremde anzubieten, in die Tat umsetzen. Während eines Winterurlaubs auf Spiekeroog träumte er zum ersten Mal von solchen Tango-Reisen. Als Brand im Sommer 2002 im Rohbau der Spiekerooger Kogge stand (die Inselhalle an gleicher Stelle war kurz zuvor abgebrannt), spürte er trotz fehlendem Boden und unfertigem Innenausbau, dass er hier seinen Traum verwirklichen wollte. Bereits im Januar 2003 mietete er die Kogge das erste Mal an. Um das Projekt zu realisieren, suchte er sich zwei Partner, die ihm bis heute bei allen Tango-Veranstaltungen auf der Insel zur Seite stehen: Barbara Weiß und Tom Berghoff von der Tanzschule »con corazón« aus Münster. Zum ersten, damals viertägigen Event kamen 60 Teilnehmer. Ein Jahr später wurde erstmals Livemusik gespielt: Ein Tango-Duo gab ein Konzert und gestaltete einen Tanzabend für alle Tango-Begeisterten.

Inzwischen ist der »Tango auf der Winterinsel« zu einem einwöchigen Festival geworden. Bei der Veranstaltung werden Tangounterricht für alle Stufen, eine Silvester-Tangonacht, ein Tangoball mit Livemusik und Tanzauftritten sowie Tanzabende mit internationalen DJs geboten. 2017/2018 tanzten sich 300 Tangotänzer durch den Spiekerooger Winter.

Adresse Kogge, Noorderpad 25, Infos zur Veranstaltung unter www.tangofuego.reisen |
| **Tipp** Seit 2007 wird von »Tango Fuego« jährlich im Mai oder Juni die Veranstaltung
»Tango auf der Frühlingsinsel« angeboten. Bei der kleinen Schwester der Winter-
veranstaltung fanden sich bislang jeweils circa 100 Teilnehmer ein, das Format ähnelt
dem Winterevent. Beide Veranstaltungen werden seit 2018 als klimaneutrale Tangoreisen
konzipiert und sind damit Vorreiter unter den Tangoveranstaltungen in Deutschland.

96_ Tante Emmas Haus

… und die warmen Bäder am alten Dorfende

Am Süderloog an der Kreuzung »An d' nee Kark« steht ein bild-hübsches Insulanerhaus. »Tante Emmas Haus«, so steht es verhei-ßungsvoll auf einem urigen Emailleschild an der Fassade zwischen den Veranden geschrieben. Das denkmalgeschützte Haus mit dem kleinen Stallflügel, der tatsächlich einmal als Kuhstall diente, wirkt wie ein romantisches Relikt aus einer anderen Zeit. Und tatsächlich: Der eingeschossige Ziegelbau mit seinem Krüppelwalmdach wurde bereits im Jahr 1865 von Ede Janssen Damm, einem Schiffer, errich-tet. Das nach seiner Enkelin Emma Damm benannte Haus – sie be-wohnte das Gebäude bis in die 1950er Jahre hinein – gehörte lange Zeit zu den letzten Gebäuden im Osten des Dorfs. Noch 1914 en-dete der Weg durch das Süderloog hinter dem Haus Nummer 44 (so die damalige Adresse von Tante Emmas Haus). Der heutige Haus-besitzer, Albrecht Redetzki, kaufte das Haus Ende des letzten Jahr-tausends und ließ es aufwendig sanieren.

Wer das Tante-Emma-Haus am Süderloog besucht, sollte zu-mindest in seinen Gedanken auch einmal das schräg gegenüber dem Haus in Richtung Südosten liegende Terrain beäugen. Das einst dort stehende Haus mit der Nummer 41 gibt es heute leider nicht mehr. In jenem Gebäude, das später auch als Weerts-Haus bekannt wurde, gründete Hillern Adden Röben im Jahr 1878 die erste Warmbade-anstalt der Insel. Damit die Gäste warme Seebäder genießen konn-ten, wurde Seewasser in Holzfässern auf einem pferdebespannten Karren (Wüppe) aus dem Wattenmeer herangeholt, in einem über-dimensionalen Kessel auf einem gemauerten Ofen erwärmt und mit Kellen in zwei massive Badewannen gefüllt. 1893 gab Röben die Seewasserbadeanstalt in seinem Privathaus auf, woraufhin die Insel-gemeinde an einem Wattpriel eine neue Warmbadeanstalt errichte-te. Nach mehreren Überflutungen verfiel diese jedoch bereits nach kurzer Zeit und wurde schließlich durch das heutige Old Laramie ersetzt (siehe Ort 65).

Adresse Süderloog 31 | **Tipp** In einer Vitrine des Inselmuseums hängt ein festliches Kleidungsstück, das Emma Damm in den späten 1940er Jahren trug. Ein schönes Foto von Tante Emmas Haus (als eines der letzten Gebäude am alten Dorfrand) ziert das Titelbild des Buchs »Spiekeroog – Geschichte einer ostfriesischen Insel« (1989).

97_Der Tranpad

Verbuddelte Schätze am Abenteuerweg

Wer auf Spiekeroog einen ausgedehnten Rundgang unternehmen und das Meer auch einmal aus der Distanz erleben (oder heimliche Seitenpfade zum Meer erkunden) mag, sollte den Tranpad, einen alten, heute asphaltierten Abenteuerweg, erforschen. Der Weg führt im Norden des Dorfs in Richtung Osten und biegt an der Einmündung Ostend leicht nach links. Durch ein kleines Wäldchen führt er in die Dünen, am Haus Wolfgang (Haus Nummer 14), der Mutter-Kind-Klinik (Nummer 16) und am Haus Quellerdünen (Nummer 18) vorbei, bevor er im Süden am Hellerpad endet. Dort kann man einen Abstecher in Richtung Nationalpark-Haus (nach links) unternehmen oder rechts über den aussichtsreichen Hellerpad (oder besonders heimelig über die Kohukdüne und den Friederikenwald) zum Dorf zurückkehren.

Offiziell führt der Tranpad seinen Namen erst seit 1961 – alteingesessene Insulaner nennen ihn aber schon weitaus länger so. Um den alten Weg ranken sich zahlreiche Geschichten, die vor allem vom »Strandjen«, dem Aufsammeln und Bergen von Strandgut und der angeschwemmten Ladung gestrandeter Schiffe, erzählen. Eine dieser Geschichten – sie soll tatsächlich passiert sein – gab dem Weg seinen Namen. Als um 1900 herum ein Schiff im Sturm einen Teil seiner Deckladung verlor, eilten viele Insulaner zum Strandjen an den Nordoststrand. Zu ihrer Überraschung fanden sie dort viele mit Tran gefüllte Fässer. Da sie das aus Meeressäugern und Seefischen gewonnene Öl als Brennstoff für ihre Lampen (Tranlampen, plattdeutsch Traanfunzel, Traankrüsel) bestens verwenden konnten, vergruben sie die Fässer, anstatt sie zu verzollen. Eine tiefe Düne nahe dem heutigen Haus Wolfgang soll damals ein besonders gutes Versteck gewesen sein. In der nachfolgenden Zeit schmuggelte die verschworene Dorfgemeinschaft den Inhalt der Fässer bei Bedarf in kleinen Behältnissen entlang dem heutigen Tranpad in den Ort.

Adresse Tranpad | **Tipp** In den Dünen an der Mutter-Kind-Klinik (Tranpad Nummer 16) steht eine weithin sichtbare Bake, die einige Insulaner wegen ihrer großen »Ohren« als Mickey-Mouse-Bake bezeichnen (siehe Ort 19).

98_ Die Ulme am Noorderloog

Keine Chance für fiese Schlauchpilze

Am Noorderloog, dort, wo der Slurpad seine ersten Meter in Richtung Strand einschlägt, lebt ein echter Blickfang: Spiekeroogs älteste Ulme. Weit reicht das Kronendach des majestätischen Baumes über den Slurpad. An der Westseite des Baumes streicht das Blattwerk nur wenige Zentimeter an Schnieders Huus, einem schmucken, 2008 renovierten Insulanerhaus, vorbei. Am Alter der ausladenden Ulme scheiden sich die Inselgeister. Je nachdem, wen man fragt oder welche Bücher man liest, liegen die Schätzungen zwischen 100 und 350 Jahren. Neuere Baumgutachten lassen ein Alter von 130 bis 180 Jahren annehmen. Glücklicherweise erfreut sich die Ulme – bis auf eine Erkrankung im Stamm – einer stabilen Gesundheit.

Gesunde Ulmen sind mittlerweile eine Rarität. Seit den 1970er Jahren grassiert in Mitteleuropa die Ulmenwelke, eine Erkrankung, die durch einen Schlauchpilz (Ceratocystis ulmi) verursacht und durch bestimmte Borkenkäfer, den Kleinen und Großen Ulmensplintkäfer, übertragen wird. Der Pilz wurde während des Ersten Weltkriegs aus Ostasien nach Europa eingeschleppt und löste bereits in den 1920er Jahren ein großes Ulmensterben aus. In Nordamerika, wohin der Pilz anschließend gelangte, kam es nicht nur zum Niedergang der Bestände der dort beheimateten Ulmenarten, sondern auch zur Ausbildung einer noch aggressiveren Form des Erregers. Diese wurde um 1970 nach Europa zurückverschleppt und führte (und führt) dort zum Tod der Ulmen. Der Pilz lebt in den Gefäßen (Tracheen) der jüngsten Jahresringe und gibt dort Stoffe ab, die zur Bildung blasenartiger Ausstülpungen führen. Sie sind eigentlich ein Abwehrmechanismus der Pflanze, unterbrechen jedoch ihren Wasserstrom: Die Pflanze stirbt.

Um die alte Ulme zu schützen, wurde auf Spiekeroog ein Ulmeneinfuhrverbot erlassen: Das Mitbringen jeglicher Ulmenbestandteile auf die Insel – einschließlich Kaminholz – ist verboten.

Adresse nahe Schnieders Huus, Noorderloog 23 | **Tipp** Gegenüber der alten Ulme steht ein weiteres schmuckes Insulanerhaus, Picks Logierhaus (Noorderloog 25).

99 Die verdrehte Weltkarte

Im Kuriosen Muschelmuseum ist alles anders

Das Mittelmeer im Norden der Nordsee, die eiskalte Barentssee weit im Südwesten – die Weltkarte im Kuriosen Muschelmuseum offenbart auf den ersten Blick erschreckende geografische Lücken. Doch in der Nähe prangt ein beruhigend stimmendes Schild:»Im Kuriosen Muschelmuseum sieht die Welt ganz anders aus.« Falsch ist diese Welt nicht. Liest man die Karte von unten nach oben, vertauscht Süden und Norden, Westen und Osten, erhält unsere Erde ihre gewohnte Form zurück.

Ähnlich wie die Karte ist das Muschelmuseum konzipiert: Alles ist richtig, ein Original, nichts ist lackiert, poliert oder gefärbt – und doch ist es anders als gewohnt. Im Kuriosen Muschelmuseum sind weit über 4.000 Schalen und Gehäuse von Muscheln und Meeresschnecken nicht nach wissenschaftlichem Namen, sondern nach Assoziationen sortiert. Es sind phantasievolle Namen, die sich auf Form, Farbe oder Anordnung der Ausstellungsstücke beziehen. Viele Assoziationen sind politisch, andere medizinisch. Einige stimmen nachdenklich, andere fordern selbst geübte Lachmuskeln heraus. Hintereinandergelegte Muscheln heißen Fußspuren, zerbröselte Muschelreste erinnern an das Waldsterben. Es gibt Jusos, CDU-Wähler und Nichtwähler, entsprechend gefärbte Muscheln bilden Ampelkoalitionen. Ein großer, schwer zu definierender Muschelhaufen avancierte zur Demo in Peking. Es gibt Tafelsilber, Zahnfleischbluten, Augapfel und Augenfehler, einen FKK-Strand und den Ball der einsamen Herzen.

Erdacht hat all diese Begriffe Dieter Schröter, ein einstiges Inseloriginal mit»Berliner Schnauze«, der die Muscheln auch sammelte. Der humorvolle Globetrotter war vor allem in den Armutsregionen Südostasiens unterwegs, wo er die Muscheln an Stränden und in den Abfallhaufen neben den Fischerhütten suchte. Schröter stellte seine riesige Privatsammlung bereits 1983 aus und hinterließ sie später der Gemeinde Spiekeroog.

Mittelmeer

Nord See

SPIEKEROOG

Barents See

Kara See

Adresse Kurioses Muschelmuseum in der Kogge, Noorderpad 25, erste Etage (Treppen-aufgang) | **Öffnungszeiten** ganzjährig Mo–Fr 9–17 Uhr, Sa, So, feiertags 9–12.30 Uhr, Ein-tritt 1 Euro | **Tipp** Wissenshungrige Seelen müssen auch im Kuriosen Muschelmuseum nicht vollends auf die Namen ihrer Lieblinge verzichten. Im Eingangsbereich des Museums hängt eine Liste aus, die die Exponate mit wissenschaftlichem und deutschem Namen aufführt.

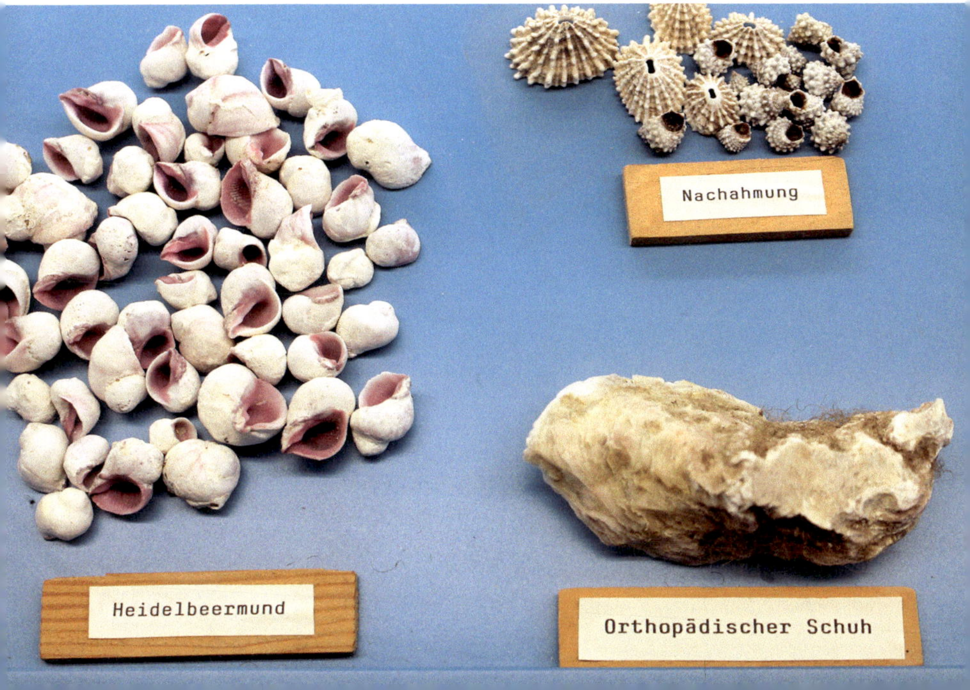

Nachahmung

Heidelbeermund

Orthopädischer Schuh

100 Die Vertrauensbibliothek

Wohlige Leselust im Evangelischen Gemeindehaus

Man kennt sie inzwischen in den meisten Städten: die beliebten Bücherkästen, aus denen man sich beliebig oft mit Lesestoff versorgen kann. In der Regel muss man diese Bücher nicht zurückbringen, kann aber eigene Bücher, von denen man glaubt, dass sie anderen eine Freude bereiten, oder weil man sie einfach nicht mehr braucht, dort hineinstellen.

Auch auf Spiekeroog kann man sich kostenlos mit Büchern versorgen. In einem täglich zugänglichen Raum des Evangelischen Gemeindehauses stehen die Bücher der sogenannten Vertrauensbibliothek in einem Holzschrank. Bücher, die einem gefallen, nimmt man ohne Leihschein oder sonstige Registrierung an sich und stellt sie nach dem Lesegenuss wieder zurück. Im selben Raum befindet sich zudem eine Leihbücherei in Form eines weiteren Bücherschranks, an dem man sich Bücher oder auch Gesellschaftsspiele zweimal in der Woche gegen Registrierung ausleihen kann. In gewisser Weise sind auch diese Bücher Teil der Vertrauensbibliothek: Außerhalb der Leihzeiten ist die Bibliothek ohne Personal, und alle Bücher müssen darauf vertrauen, nicht entwendet zu werden. Glücklicherweise sind sowohl die Insulaner als auch die Gäste Spiekeroogs (meist) ehrliche Menschen, sodass das Konzept weitestgehend aufgeht.

Der Leihraum im Gemeindezentrum ist so schön, dass viele Menschen die Bücher direkt vor Ort genießen. In dem behaglich eingerichteten, zum Teil holzgetäfelten und mit einem dunkelroten Teppichboden ausgestatteten Raum, in dem an einer Seite durch eine von einem Kamin unterbrochene Glasfront das Sonnenlicht einfällt, stehen Holztische mit Stühlen, es gibt drei gemütliche Sessel (einer sogar mit Leselampe) und eine Lese- beziehungsweise Vorleseecke für junge Bücherfreunde. Da die Bücher in den Schränken nicht nach Autoren geordnet sind, gehört auch das ausgiebige Rumstöbern und Anlesen von Büchern zum Bibliothekserlebnis.

Vertrauensbibliothek

Diese Bücher dürfen Sie gerne aus dem Regal nehmen, hier lesen oder mitnehmen. Bitte stellen Sie die Bücher wieder zurück, wenn Sie sie nicht mehr benötigen.

Adresse Gemeindebücherei, Leih- und Vertrauensbücherei im Evangelischen Gemeindehaus, An d' nee Kark 1 | **Öffnungszeiten** Vertrauensbibliothek täglich 10 – 18 Uhr; Leihbücherei Mo, Do 17 – 18 Uhr | **Tipp** Im Raum lassen sich viele kleine Besonderheiten entdecken, beispielsweise die zwischen den Büchern aufgestellten Tafeln mit Sätzen, die zum Nachdenken anregen. Ein Beispiel: »Am meisten lieben wir Bücher mit unseren niedergeschriebenen Gedanken, die wir selbst einfach nicht formulieren konnten.«

101__Der Wagen 21

Die einzige Museumspferdebahn mit festem Fahrplan

Ein Augusttag 2015 war das bislang letzte Großereignis im bunten Leben der Spiekerooger Inselbahn. Der irische Tinker »Tamme«, das Zugpferd der Bahn, erhielt an jenem Tag Rohkost und trockenes Brot, zweibeinige Festgäste sogar eine Sanddorntorte mit dem Wagen 21 und dem Pferd als süße Verzierung. Gefeiert wurde das 130-jährige Bestehen der Inselbahn.

Begonnen hat die Geschichte der Bahn, die inzwischen als Deutschlands einzige Museumspferdebahn mit festem Fahrplan unterwegs ist, folglich im Jahre 1885. (Der im sächsischen Döbeln von einem Pferd gezogene Eisenbahnwaggon verkehrt nur einmal im Monat.) In den ersten vier Jahren ihres Bestehens fuhr die Inselbahn nahezu die gleiche Strecke wie heute und verband das Dorf mit der Warmbadeanstalt, dem heutigen Old Laramie (siehe Ort 65, später Haltepunkt West). Ab 1890 beförderte sie Urlauber und Insulaner dann auch vom und bis zum Anleger an der Südwestspitze der Insel. 1949 stellte die Nordseebad Spiekeroog GmbH das Verkehrsmittel Pferdebahn auf Dieselbetrieb um. Die Dieselbahn fuhr bis Juni 1981 und wurde erst mit Inbetriebnahme des ortsnahen Hafens stillgelegt.

Doch damit war das Ende der Inselbahn keineswegs besiegelt: Noch im gleichen Jahr startete als Touristenattraktion auf einem Teil der alten Gleise die Museumspferdebahn. Hans Roll, ein schwäbischer Lehrer im Ruhestand und großer Eisenbahnfreund, hatte dem Stuttgarter Straßenbahnmuseum einen alten Sommerpferdebahnwagen abgekauft. Der nach der Stuttgarter Linie 21 benannte, eine Tonne schwere Wagen – seine Achse gehört zu einem Originalwagen aus dem Jahr 1920 – wurde zum Waggon der Museumspferdebahn.

Hans Roll und Eberhard Schüppel, die ersten beiden Betreiber der Museumsbahn, sind vielen Menschen noch heute ein Begriff (»die zwei von der Pferdebahn«). Seit Sommer 2014 hält Hans Rolls Sohn Christian die Zügel auf dem Führerstand von Wagen 21 fest in der Hand.

Adresse Museumspferdebahn, Westerloog 9 (Bahnhof), www.pferdebahn-spiekeroog.de | **Öffnungszeiten** Abfahrt April – Okt. täglich 13, 14, 15, 16 Uhr, Wiederankunft jeweils 45 Minuten später; Bahnhof – Sturmeck: Erwachsene hin / rück 6 Euro, nur hin 4 Euro, nur rück 3 Euro, Kinder hin / rück 4 Euro, nur hin 3 Euro, nur rück 2 Euro | **Tipp** Man sollte sich die Bahn nicht nur anschauen, sondern mitfahren. Christian Roll erzählt eine Menge Wissenswertes über die historischen Besonderheiten entlang der Strecke.

102 Die Wanderrobbe

Spiekeroog-Motive als Unfallprophylaxe

Es war das Jahr 2010, als Igor Oster einen ungewöhnlichen Auftrag erhielt: Er sollte ein Kunstwerk auf meinem Körper anfertigen. Ich war damals eine weiße Robbe, lebte seit Längerem an der Touristeninformation in der Kogge und hatte die Aufmerksamkeit unzähliger Kinder genossen. Da ich von der Nordsee GmbH angefertigt wurde und damit nachweislich keine echte Robbe bin, kletterten die Kinder gern auf mir herum. Manchmal stürzte auch eines von ihnen zu Boden, zu schlimmeren Unfällen kam es glücklicherweise nie. Carsten Karger, der damals (und auch heute noch) bei der Touristeninformation arbeitete, machte sich jedoch Sorgen und führte vorsichtshalber immer einen Sanitätskoffer mit sich.

Die Kinderliebe war vermutlich der entscheidende Grund, warum ich ein besonderes Kunstwerk werden sollte. Der 1972 in Minsk geborene Oster, seit 2012 auch künstlerischer Leiter der Kunstwerkstatt der Eben-Ezer-Stiftung im ostwestfälischen Lemgo, bemalte meinen Körper mit feinem, kunstvollem Strich und ausgewählten Spiekeroog-Motiven. Auf meinem Rücken trage ich seither die Insel aus der Vogelperspektive und eine Fähre. Auf den Kopf wurde mir ein Stern und auf den Bauch der berühmte Utkieker (siehe Ort 103) als festliche Krawatte gemalt. Meine linke Schulter wird von einem Kitesurfer und meine rechte von zwei Möwen geschmückt. Wer genau hinschaut, kann auf meinem Körper auch den Segelhafen und von Prielen durchzogene Salzwiesen erkennen.

Derart reich bemalt, avancierte ich rasch zum beliebten One-Man-Empfangskomitee des Kinderspielhauses Trockendock. Doch meine Wanderung war dort noch nicht beendet: Als im Winter 2017/2018 am Trockendock neuer Wohnraum geschaffen wurde, versetzte mich Herr Karger vom Vorgarten des Spielhauses vor die Kogge, wo ich ausgiebig in das Fenster seines Chefs Patrick Kösters starren konnte.

Wohin mich die Zukunft bringt, wer weiß …

Adresse flexibel, vorzugsweise zwischen Kogge, Inselkino und Kinderspielhaus Trockendock | **Tipp** Wer vor Spiekeroog echten Seehunden und Kegelrobben begegnen möchte, kann an einer Schiffsreise zu den Seehundbänken teilnehmen. Wer indes zufällig bei einem Strandspaziergang einen sich im Sand sonnenden Seehund entdeckt, sollte diesen im großen Bogen mit mindestens 100 Meter Abstand umgehen.

103__ Wattkieker und Utkieker

Die Skulpturenbrüder mit den Riesenfüßen

Wer sommertags auf Spiekeroog umherstreift, kann dort gleich zwei feingliedrigen Skulpturen mit überdimensional großen Füßen begegnen.

Der auf einer Anhöhe in den Dünen am Slurpad auf das Meer blickende Utkieker (Ausgucker) ist inzwischen eine echte Berühmtheit. Die 2007 erschaffene, 3,40 Meter hohe Bronzeskulptur gilt als nimmermüder Wächter über die Insel. Manche sehen im Utkieker sogar »eine Art Sicherheitsbeamten in der Größe eines kleinen Leuchtturms« (Knut Diers). In der Tat scheint der Utkieker mit den Händen vor der Stirn seine Augen schattig zu halten, um besser sehen zu können. Das in der Presse viel beachtete Skulpturenwesen hat zweifellos eine Menge erlebt: Neben den von ihm beobachteten Geschehnissen und dem Rummel um seine eigene Person wurde der Ausgucker auch schon zweimal (partiell) eingehäkelt, zuletzt mit extravaganten Shorts.

Vergleichsweise wenig bekannt ist der 2010 erschaffene Wattkieker, der am Zeltplatzkiosk auf einer Dalbe (ein Pfahl im Hafen, an dem Schiffe festmachen) sitzt und auf die Wiesen des Westergroen blickt. Er ist wesentlich kleiner als sein großer Slurpad-Bruder, besitzt aber ebenfalls eine lange, dünne Figur mit kleinem Kopf, einen langen Hals und große Füße. Im Gegensatz zum allzeit präsenten Utkieker ist der Wattkieker im Winter nicht vor Ort – ein an seinem Standort angebrachtes Foto weist aber Jahr für Jahr auf seine (baldige) Rückkehr hin.

Erschaffen hat die beiden Skulpturen der 1967 in Heidelberg geborene Bildhauer Hannes Helmke. Sein künstlerisches Thema ist der Mensch und dessen Standpunkt in der Welt. Helmke lebt und arbeitet als freischaffender Künstler in Köln, verbringt aber den Sommer auf Spiekeroog. Auf dem Zeltplatz, der Helmes als Kraft- und Inspirationsquelle dient, ist er seit 20 Jahren zu Gast. Die auf Spiekeroog entstehenden Entwürfe werden in Köln in Bronze umgesetzt.

Adresse Wattkieker: am Zeltplatzkiosk, Palisadendiek 2; Utkieker: Slurpad nahe Meer |
Zugang Wattkieker: der Wattkieker sitzt am Rande des Kiosk-Biergartens; Utkieker:
vom Dorf über den Slurpad Richtung Meer, Dünenformation rechter Hand | **Tipp**
Ein Gewürz für echte Kenner ist das Wattkieker-Salz im Zeltplatzkiosk, verfeinert mit
Bio-Chili. Achtung: Zu sehen ist der Wattkieker nur in der Zeltplatzsaison (Mai–Sept.).
Der winterliche Urlaubsort des Wattkiekers ist ein wohlgehütetes Inselgeheimnis.

104 Die weiße Düne

241 müllfreie Dezimeter – Ostfrieslands Höhenrekord

Der Dünenzug im Spiekerooger Norden führte lange Zeit ein vom Tourismus wenig beachtetes Leben. Die weiße Düne (Wittdün) mit ihrer 21 Meter hohen Spitze, bekannt als »Düne 21«, war das Winterparadies der Spiekerooger Kinder – dort gab es die längste und schnellste Rodelbahn der Insel. Im Zweiten Weltkrieg leisteten die Spiekerooger Männer als Küsten-Flugwache in der Wittdün ihren Kriegsdienst. Gesichtete Feindflugzeuge waren der vorgesetzten Dienststelle in Wilhelmshaven zu melden.

Überregional bekannt wurde die weiße Düne durch Höhennachmessungen in den 1980er Jahren. Es zeigte sich, dass die weiße Düne eine Höhe von 24,1 Metern über Normalnull erreichte. Das neue Messergebnis war von weitreichender Bedeutung, da die Düne quasi über Nacht die höchste natürliche Erhebung Ostfrieslands geworden war. (Ob die ehemalige Wanderdüne gewachsen war oder vorherige Messungen falsch waren, ist nicht überliefert.) Der besondere Status der Düne wird von den meisten Zeitschriften, Zeitungen, in Fernsehdokumentationen und auf der wichtigsten Internetseite zur Insel (www.spiekeroog.de) geteilt. Verstörend für alle Spiekeroog-Fans ist indes ein Eintrag in Wikipedia, der die Walter-Großmann-Düne auf Norderney mit 24,4 Metern über Normalnull zur höchsten natürlichen Erhebung Ostfrieslands erhebt. Blättert man jedoch in den ebenfalls seriösen Seiten des Straßenkatalogs (www.straßenkatalog.de) nach, lässt sich dort eine beruhigende Höhe von 24,0 Metern für die entsprechende Norderney-Düne ermitteln. 100 Millimeter sind zweifellos ein respektabler Größenunterschied.

Höher als auf den höchsten Höhen Spiekeroogs geht es in Ostfriesland nur in der Abfallwirtschaft zu: Mit 30 Metern über Normalnull ist die renaturierte Mülldeponie in Breinermoor bei Leer die derzeit höchste Erhebung Ostfrieslands. Leider sind beide Erhebungen für Bergsteiger tabu.

Adresse nordwestlich des Dorfs, nahe Evangelischer Jugendhof (Noorderpad 31) und katholische Kirche Sankt Peter (Up de Höcht 7) | **Tipp** Die weiße Düne ist durch einen Zaun und einen natürlich gewachsenen Stechginsterring vor forschen Wanderern geschützt. Biegt man jedoch vom Gartenweg in die Straße Wittdün und wendet sich am dritten Abzweig nach links, erreicht man einen malerischen Höhenweg, der südlich an der Düne vorbeiführt. Er endet am Damenpad.

105__ Der Weltnaturerbe-Wegweiser

873 Kilometer bis zu den Dolomiten

Den 26. Juni 2009 bewahren Freunde des Wattenmeeres in freudiger Erinnerung. Es war jener Tag, an dem die UNESCO das deutsch-niederländische Wattenmeer zur Weltnaturerbestätte erklärte.

Um in die Weltnaturerbeliste aufgenommen zu werden, muss ein Gebiet einzigartige Naturwerte besitzen, intakt und durch Schutz-maßnahmen gesichert sein. Diese Voraussetzungen erfüllt(e) das Wattenmeer nach Meinung der UNESCO-Experten in umfassender Weise. Um auf den besonderen Status des Wattenmeeres aufmerk-sam zu machen, enthüllten die Verantwortlichen der Nordsee GmbH am dritten Jahrestag der Ernennung 30 fünfarmige Wegweiser, die in Gemeinden an der niedersächsischen Nordsee aufgestellt wurden. Auf jedem Arm der vier Meter hohen Holzwegweiser ist jeweils ein UNESCO-Weltnaturerbe genannt und die Entfernung vom Standort des Wegweisers zu dem entsprechenden Ort vermerkt. Neben dem Wattenmeer wurden das Great Barrier Reef, die Dolomiten, die Rocky Mountains und der Grand Canyon auf den Wegweisern verewigt.

Obwohl der Weltnaturerbe-Wegweiser auf Spiekeroog im touris-tischen Inselzentrum steht, beachten ihn nur wenige. Das mag daran liegen, dass er auf dem direkten Weg zum Strand liegt und daher nicht die höchste Bewusstseinspriorität genießt. Auch die dunkelbraune Farbe der Konstruktion ist nicht jedermanns Geschmack. Verglichen mit dem Wattenmeer (0,8 Kilometer) liegen die anderen Weltnatur-erben Lichtjahre vom Wegweiser entfernt: 873 Kilometer sind es bis zu den Dolomiten, 8.062 bis zu den Rocky Mountains, 8.538 bis zum Grand Canyon und unfassbare 14.706 Kilometer bis zum Great Barrier Reef. Äußerst beliebt ist der Wegweiser hingegen bei Raben-vögeln und Tauben: Während Tauben auf dem Wegweiser den Rocky Mountains entgegentrippeln, bleiben Krähen auf der Spitze des Weg-weisers sitzen. Sie wissen, dass sie auf der richtigen Insel sind.

Adresse gegenüber der Kogge, Noorderpad 25 | **Tipp** Wenige Meter vom Wegweiser entfernt steht das Inselkino, in dem neben Filmklassikern und aktuellen Filmen auch kulturelle Veranstaltungen und Informationsabende zu zahlreichen Themen angeboten werden.

106 Das Westergroen

Vogelfreundliche Wiesen dank kleiner Insel

Hinter dem Haus des Zeltplatzwirtes lässt sie sich am besten bewundern: eine mit Gräsern bewachsene Dünenkette, die sich in das Inselinnere vorzuschieben scheint. Hoch sind diese Dünen nicht, aber ihre Position einige hundert Meter abseits des Meeres und ihr Auftreten wie in einer perlenartigen Schnur stimmten den Inselentdecker neugierig.

Die sogenannten Lüttjeoog-Dünen verdanken ihren Namen einer kleinen Insel namens Lüttje Oog (Lüttje, ostfriesisch für das Kleine; Oog, friesisch für Insel), die sich im 17. Jahrhundert an der Stelle der heutigen Dünenkette befand. Zwischen 1650 und 1780 lagerte die Nordsee große Sandmengen zwischen Lüttje Oog und Spiekeroog ab, sodass die beiden Inseln schließlich miteinander verschmolzen. Die Verschmelzung hatte eine weitreichende Konsequenz: Nach dem Zusammenwachsen konnten von der offenen Nordsee geschützt die ausgedehnten Salzwiesen des Westergroen entstehen.

Bei einem Spaziergang durch das Westergroen lassen sich die Weite der Wiesen, malerische Aussichten und die weidenden Pferde des Islandhofes bestaunen. Auch Gräser und viele andere Pflanzen lassen sich entdecken. Etwas ganz Besonderes ist aber die schillernde Brutvogelwelt auf dem Westergroen: Während in den Lüttjeoog-Dünen vor allem Brandenten und Hohltauben brüten, sind in den Salzwiesen Sturm- und Heringsmöwen, Austernfischer, Feldlerchen, Rotschenkel, Große Brachvögel und Uferschnepfen zu Hause. Vögel wie die Uferschnepfe können im Westergroen dank der vielen Brackwassertümpel in den Salzwiesen geeignete Brutplätze finden. In der Nähe der Franzosenschanze befinden sich zudem große Brutkolonien der Fluss- und Küstenseeschwalben. Auch als Rastgebiet für Zugvögel ist das Westergroen bedeutsam.

Ein idyllischer Sandweg durch das Westergroen (freigegeben für Fußgänger und Reiter) beginnt am Westend und endet direkt am neuen Rettungsschuppen.

Adresse Westergroen | **Zugang** vom Dorf zum Westend – der Weg durch das Westergroen beginnt etwa 400 Meter hinter dem alten Rettungsschuppen gegenüber und kurz hinter dem Hus Jan, Westend 16 (die Schienen der Bahn überqueren) | **Tipp** Spannend und lehrreich sind die ornithologischen Entdeckungsreisen mit den mit Spektiv, Humor und Wissen ausgestatteten »Vogelzivis«: um 10 Uhr am Old Laramie oder am Nationalpark-Haus. Achtung: Bitte auf den Wegen bleiben, das Westergroen gehört zur Ruhezone des Nationalparks.

107 _ Das Wrack der Moltke

Nur für Szenekenner – das Schiff mit Sozialphobie

Auf Spiekeroog gibt es einen geschichtsträchtigen Ort, den man nur unter außergewöhnlichen Bedingungen aufspüren kann. Im Gegensatz zum Wrack der Verona (siehe Ort 108), von der bei Niedrigwasser in der Regel noch einige Reste sichtbar sind, werden die letzten Wrackteile der Moltke, eines am 2. Januar 1916 auf einer Sandbank am Nordstrand Spiekeroogs aufgelaufenen Vorpostenbootes, nur bei anhaltendem Ostwind und extremem Niedrigwasser freigegeben.

Die Moltke war eigentlich ein Fischdampfer, dem das Leben eines normalen Kutters nicht beschieden war. Das 37 Meter lange und sieben Meter breite Schiff lief am 23. Mai 1914 bei der Bremerhavener Schiffbaugesellschaft AG Schichau vom Stapel und wurde zwei Wochen später ausgeliefert. Nach Ausbruch des Ersten Weltkriegs wurde das Schiff von der Kaiserlichen Marine akquiriert und ab dem 21. September 2014 als Vorpostenboot vor der Nordseeküste eingesetzt.

Zu den Aufgaben eines Vorpostenbootes gehörte der Sicherungsdienst im Küstenvorfeld. Vorpostenboote mussten Handels- und Kriegsschiffen Geleit gegen Angriffe aus der Luft, von Seeschiffen oder U-Booten gewähren, aber auch Schiffe durch geräumte Kanäle in Minenfeldern eskortieren. Neben umfunktionierten Handels- und Fischereischiffen wurden während des Ersten Weltkriegs auch annähernd 180 neu gebaute Vorpostenboote eingesetzt. Diese Schiffe wurden nach den Bauschemata der sehr seetüchtigen Fischkutter errichtet, für den Einsatz im Seekrieg modifiziert und ab August 1915 mit Torpedorohren zur U-Boot-Bekämpfung ausgerüstet. Der Erste Weltkrieg forderte aber auch von der Flotte der kleinen Schiffe seinen Tribut: Allein auf deutscher Seite wurden mehr als 60 Vorposten- und Geleitboote vor allem durch Minen versenkt. Das Ende der Moltke wurde nach offiziellen Angaben indes nicht durch den Menschen, sondern durch einen Wintersturm besiegelt. Alle Insassen überlebten.

Adresse Nordstrand in Höhe der Bake in den Dünen am Mutter-Kind-Heim. Achtung: Windrichtung und Wasserstand beachten! Das Wrack ist nur bei Ostwind und einem Wasserstand von mindestens 80 Zentimetern unter dem normalen Wasserstand bei Niedrigwasser zu sehen. Die bei Wikipedia angegebene Orientierungshilfe (Nähe Haus Wolfgang) ist nicht hilfreich, da dieses Haus vom Strand aus nicht sichtbar ist. | **Tipp** Bei einer geführten Strandwanderung mit Anja Sander (siehe Ort 66) erfährt man eine spannende Alternativhypothese, wie es zur Strandung der Moltke kam – sieht man nur das Meer, bleibt die Enttäuschung klein.

108_ Das Wrack der Verona

Der Tummelplatz der vielbeinigen Felsenfreunde

»Am 13. Dezember wurde dem hiesigen Vormann T.C. Frerichs durch Bm. Büschen hierselbst die Anzeige gemacht, dass ein Dampfschiff auf dem Osterstrande allhier festsitze und anscheinend in großer Gefahr sei.« Dies sind die ersten, noch heute im Inselmuseum einsehbaren Zeilen aus dem Protokoll über die Rettungsfahrt am 13. Dezember 1883, die die Spiekerooger Rettungsmannschaft zum Wrack der Verona führte. Das mit Stückgütern beladene englische Dampfschiff war von Leith (Schottland) nach Bremerhaven unterwegs gewesen und am Oststrand von Spiekeroog aufgelaufen. Nach Bekanntwerden des Vorfalls begab sich die Rettungsmannschaft zum Bootsschuppen und brachte das dort stehende Rettungsboot mit drei Pferden und zehn Mann Besatzung zu Wasser. Durch enge Kooperation mit den Helfern auf dem Neuharlingersieler Rettungsboot konnte die gesamte Mannschaft des Dampfschiffs – 20 Mann – trotz gefährlicher Brandung lebend geborgen werden.

Noch heute lassen sich am Oststrand Spiekeroogs bei Niedrigwasser Teile des einst 77 Meter langen und fast zehn Meter breiten Frachtschiffs entdecken. Je nach Wasserstand ist vom Wrack ein zehn Zentimeter bis zu einem Meter, gelegentlich auch bis zu zwei Meter hoch aus dem Sand ragendes Rumpfstück zu erkennen. Es befand sich bei Auflaufen Richtung achtern (»hinten«) an der Backbordseite des Schiffs (linke Schiffsseite von hinten gesehen). Selten lassen sich sogar Teile des Schiffdecks und einige Deckaufbauten aufspüren.

Die steilen Rumpfpartien der Verona sind heute ein Tummelplatz für Meeresbewohner, die sich gern in felsigem Gelände verstecken – das es sonst rund um Spiekeroog nur wenig gibt. So können Besucher des Wracks bei Niedrigwasser mit etwas Glück Taschenkrebse, bisweilen sogar Hummer entdecken. Weniger felsenbegeisterte Tiere wie Strandkrabben, Garnelen und kleine Fische sind ebenfalls und oft in beachtlicher Anzahl zugegen.

Adresse Nordstrand, 6,5 Kilometer nordöstlich des Dorfs, 600 Meter westlich der Ostbake (exakte Position: ♂53° 46' 54' N 7° 47' 16' O) | **Zugang** Das Wrack liegt in etwa dort, wo die Dünen enden. | **Tipp** Bitte die Gezeiten beachten, damit der Rückweg nicht von gefährlichen Prielen abgeschnitten wird. Am besten bei ablaufendem Wasser losgehen.

109__Das Wüppspoor

Auf den Spuren einachsiger Karren

Da sind sie, die neuen Touristen. Das Klappern ihrer Koffer auf dem Belag der breiten gepflasterten Straße lässt kaum einen Zweifel zu. Freudig marschieren sie über den leicht ansteigenden Zubringweg, der vom Spiekerooger Hafen bis weit in das Dorf hineinführt. In der Gegenrichtung laufen oft die Tränen. Kurz vor der Abreise überblickt so mancher noch einmal die Weite der Richelwiesen (siehe Ort 75), wirft einen letzten Blick auf die Dalbensprosse (siehe Ort 14) oder erfreut sich an den blökenden Schafen der Herrmann Lietz-Schule. Danach heißt es Abschied nehmen.

Ihren außergewöhnlichen Namen erhielt die Straße auf dem Richeldeich zu Beginn der 1980er Jahre, kurz nachdem der neue Hafen eingeweiht worden war. Das Wüppspoor folgt den alten Spuren (spoor) der Wagen und Wüppen: Das waren einachsige Karren, die von einem oder zwei Pferden gezogen wurden.

Bevor Spiekeroog 1891 einen Anleger erhielt, ankerten die von Neuharlingersiel kommenden Fährschiffe auf der Reede. Bei ablaufendem Wasser fuhren die Wüppen an das trockenfallende Fährschiff heran, sodass die Fahrgäste direkt umsteigen konnten. Bei hohem Wasserstand mussten die Gäste zunächst in ein Beiboot steigen, das bis an die im Flachwasser stehenden Wüppen herangerudert wurde. Die mit Gästen und Gepäck beladenen Wüppen wurden von den Fuhrmännern langsam über die Wattwiesen ins Dorf kutschiert.

Als der Anleger und zwei Jahre später auch der Richeldeich fertiggestellt waren, wurde der Wüppenweg in Richtung Westen verlegt und verlief fortan am Fuße des Deichs in Nord-Süd-Richtung. Nach dem Ausbau der Inselbahn bis zum Nordende des Anlegers konnten ankommende Gäste vom Schiff direkt in die Bahn umsteigen. Wüppen wurden jedoch auch später gebraucht: Als der Anleger 1925 zerbrach, übernahmen sie bis zur Fertigstellung des neuen Anlegers die Gäste des auf der Reede vor Anker gegangenen Schiffs und brachten sie zur Pferdebahn.

Adresse Wüppspoor, nördlich des Hafens | **Tipp** Wendet man sich vom Hafen kommend am Wüppspoor auf der Deichkrone nach links, erreicht man auf einem aussichtsreichen Weg – man überschaut das Westergroen mit der Franzosenschanze – das Deichtor mit der Museumspferdebahn.

110 Der Zeltplatzkiosk

Lars Bücking und die Wohlfühloase am Dünenrand

Am Rande des Zeltplatzes »lebt« hinter Menschen, Freiluft-Obsttheke und Ansichtskarten ein niedriges dunkelrot getünchtes Haus. Fahnen wehen auf dem Dach, auf den Holzbänken rund um den Bau wird gelacht, diskutiert, getrunken und entspannt. »SB-Kiosk«, steht bescheiden an der Eingangstür, doch im Inneren zeigt sich eine andere Welt. Da gibt es eine Kasse mit einer riesigen Kronkorkensammelbox. Über den Besucherköpfen leuchten bunte Surfboards, in ihnen sind die Lampen der Deckenbeleuchtung eingelassen. Es duftet nach Kaffee, frischem Kuchen und Meer. In den Regalen findet sich auf engstem Raum alles, was das Herz begehrt: Lebensmittel jeder Couleur (bio und nicht bio), Biere, Seifen, Cremes, Batterien, Fleckenentferner, Bücher, Einwegrasierer, Kleidungsstücke und vieles mehr. Auch das Innere des Kiosks ist lebendig. Traurigkeit und Wiedersehensfreude, Abschied und Neuanfang, Verliebtheit, Melancholie und Herzen aller Schattierungen – im Zeltplatzkiosk haben Begegnungen einen Raum.

Seele, Ansprechpartner und Besitzer des bereits 1952 errichteten Kiosks ist Lars Bücking, der das Gebäude 1993 von Dieter Schröter, dem Urvater des Muschelmuseums (siehe Ort 99), erwarb. »Kiosk zu verkaufen«, so hatte es damals schlicht in einer Annonce des Spiekerooger Inselboten geheißen. Der 1968 in Kassel geborene Lars, der erstmals anlässlich einer Heirat (genauer: die Hochzeit der Schwester seiner Freundin) auf Spiekeroog gestrandet war, hatte das Angebot sofort genutzt. Drei Wochen nach Eröffnung des Kiosks verliebte sich Lars in eine Zelterin – heute haben die beiden zwei Kinder und leben seit 2002 fest auf Spiekeroog. Lars schätzt die Authentizität seiner Gäste und die respektvolle Atmosphäre rund um den Kiosk. Er ist für ihn und seine Gäste ein Wohlfühlort und einer jener rar gewordenen Plätze, an denen der Mensch noch mit der Natur eins sein kann.

Es bleibt zu hoffen, dass dieser Ort noch lange erhalten bleibt.

Adresse Palisadendiek 2 | **Zugang** Über Westend und Palisadendiek. Der Kiosk befindet sich am Ende des asphaltierten Wegs. | **Öffnungszeiten** Sie entsprechen (in etwa) denen des Zeltplatzes: Mai–Mitte Sept. täglich 9 – 19 Uhr. | **Tipp** Entlang von Zeltplatz und Selleriegraben sind es nur wenige Gehminuten bis zum aussichtsreichen Pavillon an den Süderdünen.

111 Der Zwerg von »Mein Didi«

Die Kuriosität der 1950er und 1960er Jahre

Auf Spiekeroog sieht man manchmal alte Menschen, die versonnen einen Gartenzwerg anblicken. Nach einer Weile huscht ein Lächeln über ihr Gesicht. Da gab es doch einmal …

Zur Zeit der beliebten Wetten junger Insulaner (in den 1950er Jahren) lebte im Garten von Dietrich Frerichs, den alle im Dorf nur »Mein Didi« nannten, weil seine Frau ihn so nannte, ein typischer Gartenzwerg mit Vollbart und roter Mütze. In einer winterlichen Langeweile wurde in einer Gastwirtschaft eine neue Wette zweier Gruppen überlegt: Der Gartenzwerg von Mein Didi sollte in die Gaststätte entführt werden. Die Gruppe, der das gelänge, musste den Abend von der anderen Gruppe freigehalten werden. Dies war der Anfang einer Serie nicht mehr enden wollender Zwergentwendungen. Dietrich Frerichs ärgerte sich sehr über jeden Diebstahl seines Gartenschmucks, was neuerliche Entwendungen besonders attraktiv machte. Kaum hatte Mein Didi seinen Zwerg wiedergefunden und auf seinen Stammplatz gestellt, dauerte es nur kurze Zeit, bis der kleine Mann erneut verschwand. Mal befand er sich in einem Kanalschacht, mal im Glockenturm der damals gerade erbauten Neuen Evangelischen Kirche, mal auf dem Bahnhofsdach, dann am Hafen, in der Schultoilette, einmal auch am Flaggenmast vor dem Rathaus. Um die Entwendungen zu beenden, befestigte Frerichs einen großen Betonklotz an der Statur und verscharrte den Zwerg samt Klotz in der Erde. Unmittelbar darauf wurde der Zwerg jedoch aus der noch weichen Betonmasse wieder geklaut. Danach ließ der Besitzer einen noch größeren Betonfuß für seinen Zwerg anfertigen und grub ihn wieder ein. Aber auch dieses Mal verschwand der Zwerg.

In den letzten Lebensjahren des ehemaligen Bäckers und Klootschießer-Vereinsvorsitzenden hatte der Gartenzwerg seinen Raubreiz verloren und lebte unentwendet im neuen Haus des Insulaners.

Adresse Inselmuseum, Noorderloog 1, Tel. 04976/9193290 | **Zugang** Der Zwerg steht neben den Museumsräumen – der Zugang ist aber nur durch das Museum möglich. | **Öffnungszeiten** Mo–Sa 15–17.30 Uhr, im Winter eingeschränkt geöffnet | **Tipp** Das Zwergen-Zeitalter mit »Mein Didi« hat auf der Insel tief greifende Spuren hinterlassen. In den Vorgärten der Insel findet man Gnome, Elfen, Kobolde und andere Wesen – aber keine Gartenzwerge.

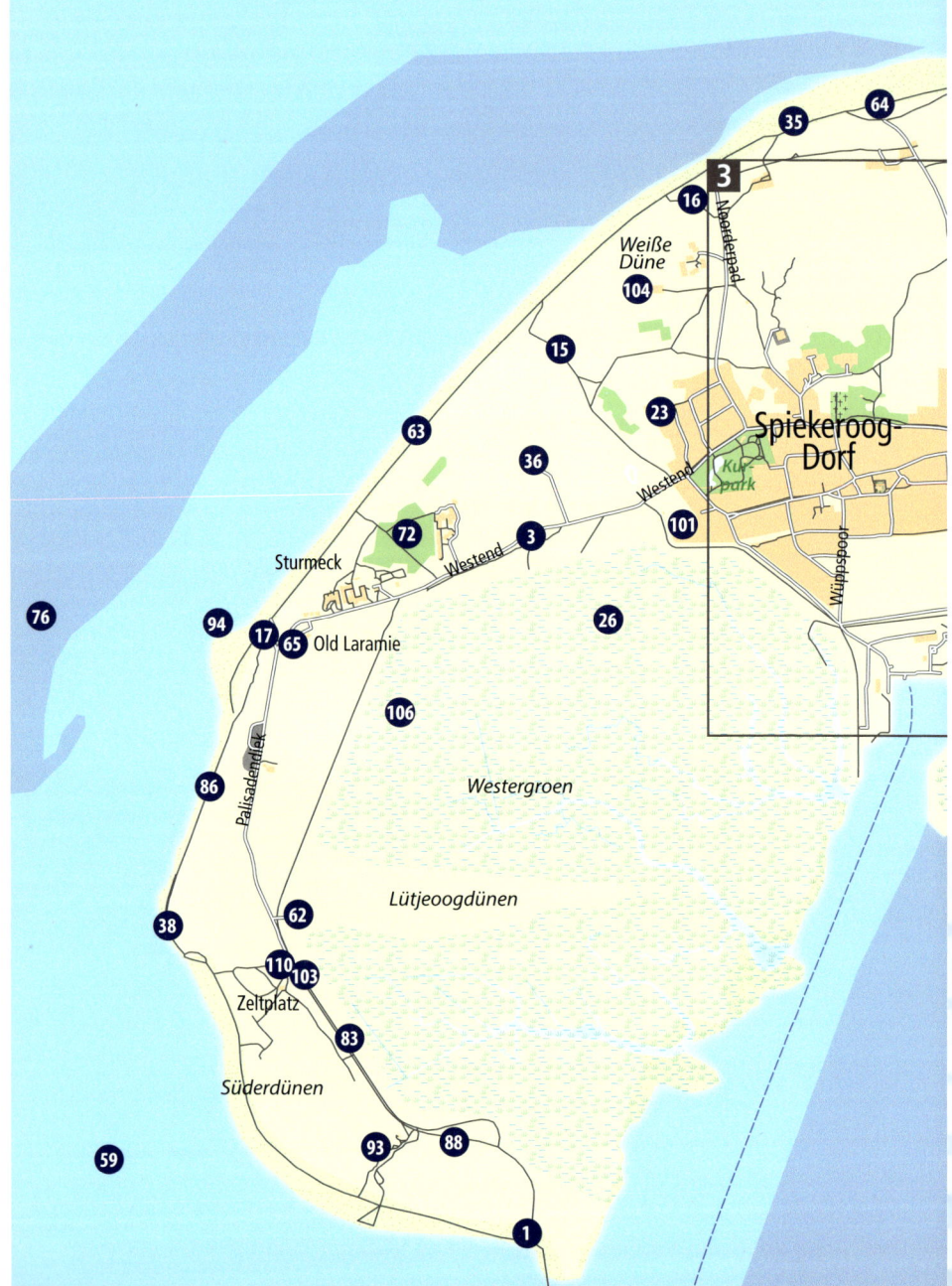

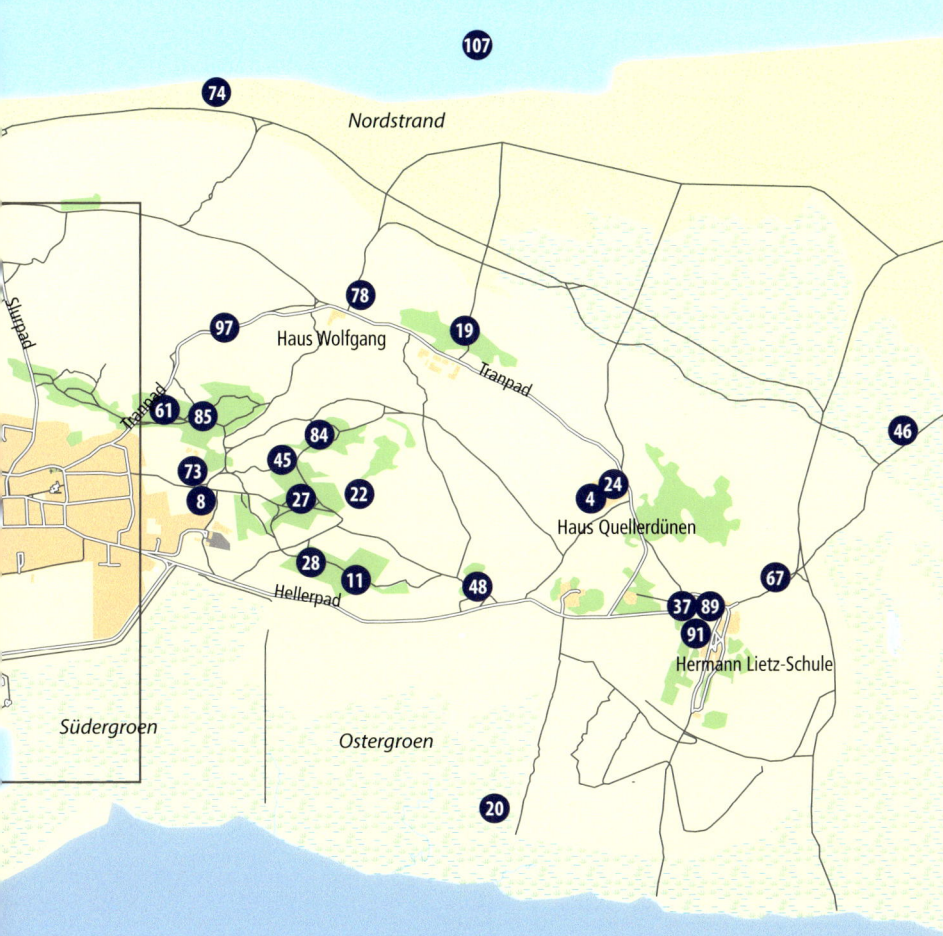

2

107

74

Nordstrand

78

97

Haus Wolfgang

19

Tranpad

61 85

84

46

45

73

27

22

8

4 24

Haus Quellerdünen

28

67

11

48

37 89

Hellerpad

91

Hermann Lietz-Schule

Südergroen

Ostergroen

20

N

0   150 m

4

N
0   700 m

Spiekeroog

1
2
3
108
66
31
55

Harlesiel

Neuharlingersiel

Carolinensiel

Altharlingersiel

Groß Holum

Neufunnixsiel

Literatur (Auswahl)

Bloem, Holger, Stromann, Martin: Spiekeroog. Ostfrieslands grüne Insel. Ostfriesland Verlag – SKN, Norden. 1. Auflage, 2017

Dircksen, Rolf: Die grüne Insel Spiekeroog. Maximilian-Verlag, Herford. 5. Auflage, 1963

Geipel, Robert, Detlefsen, Gert Uwe: Inselzauber Spiekeroog – Bilder einer Ferieninsel. Edition Walfisch Verlagsgesellschaft mbH, Oldenburg

Gläntzer, Volker: Sehr nah am Wasser gebaut, für sehr schwankenden Grund – Das Schwimmdachhaus in Ostfriesland

Janßen, Maria: Hauschronik Posaunenhaus. www.janssand.de/_e43/index_ger.html

Meyer-Deepen, Johannes: Das alte Inselhaus auf Spiekeroog. C. L. Mettcker und Söhne, Vertriebs- und Verlagsgesellschaft mbH, Esens, 1976

Meyer-Deepen, Johannes: Chronik des Hauses Noorderpad Nr. 1 und seiner Bewohner (1736–1993) C. L. Mettcker und Söhne, Vertriebs- und Verlagsgesellschaft mbH, Esens, 1993

Meyer-Deepen, Johannes, Meijering, Meertinus P.D.: Spiekeroog – Geschichte einer ostfriesischen Insel. Verlag: Kurverwaltung Nordseeheilbad Spiekeroog, 3. Auflage, 1989

Meyer-Deepen, Johannes, Meijering, Meertinus P.D.: Spiekeroog – Naturkunde einer ostfriesischen Insel. Verlag: Kurverwaltung Nordseeheilbad Spiekeroog, 1. Auflage, 1979

Nellner, J.V.: Die Nordsee-Insel Spiekeroog, 1884 (Schuster Reprint Verlag. Leer, 1979)

Ostfriesland Magazin, SKN Druck und Verlag, Norden – Heft Mai 2016, August 2017

Popken, Meppe: Grüsse aus Spiekeroog – 100 Ansichtskarten von anno dazumal. Burchana Verlag, Borkum, 1983

Popken, Meppe: Spiekeroog in alten Ansichten. 100 Ansichten von anno dazumal. Burchana Verlag, Borkum, 1995

Popken, Meppe: Wege und Straßen unserer Insel Spiekeroog. Brune-Mettcker Druck- und Verlagsgesellschaft, Wittmund, 6. Auflage, 2006

Röller, Oliver, Schlesiger, Florian: Blühende Wildnis Spiekeroog. Verlag Hermann Lietz-Schule Spiekeroog, 1. Auflage, 2005

Sander, Ilse: Die perfekte Geschichte. Hotel zur Linde – Festschrift zum 150. Geburtstag. 2006. www.hotelzurlinde.eu

Schonart, Edgar: Brutvögel der Insel Spiekeroog. Verlag Enno Söker, Esens, 1. Auflage, 2016

Spiekerooger Inselbote. Spiekeroog, Jahrgänge 2015, 2016, 2017.

Stahl, Michael: Hauschronik Huus Puppenstuv. Auszüge unter www.spiekeroog-puppenstuv.de

Vito von Eichborn
111 Orte zwischen Lübeck und Kiel, die man gesehen haben muss
ISBN 978-3-95451-339-0

Jochen Reiss
111 Orte in Kiel, die man gesehen haben muss
ISBN 978-3-95451-705-3

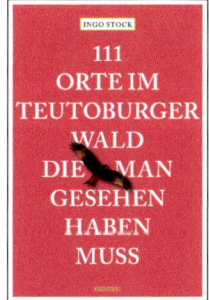

Ingo Stock
111 Orte im Teutoburger Wald, die man gesehen haben muss
ISBN 978-3-95451-859-3

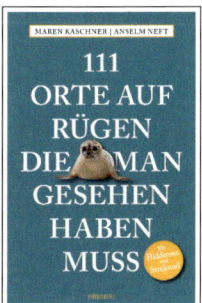

Maren Kaschner, Anselm Neft
111 Orte auf Rügen, die man gesehen haben muss
ISBN 978-3-95451-837-1

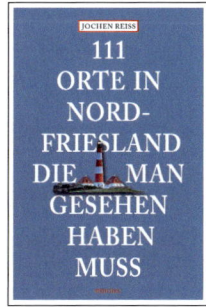

Jochen Reiss
111 Orte in Nordfriesland, die man gesehen haben muss
ISBN 978-3-95451-627-8

Sina Beerwald
111 Orte auf Sylt, die man gesehen haben muss
ISBN 978-3-95451-511-0

Jochen Reiss
111 Orte am Nord-Ostsee-Kanal, die man gesehen haben muss
ISBN 978-3-7408-0133-5

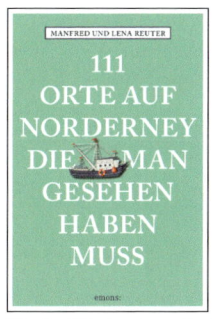

Manfred Reuter, Lena Reuter
111 Orte auf Norderney, die man gesehen haben muss
ISBN 978-3-7408-0130-4

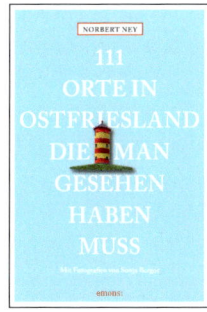

Norbert Ney, Sonja Bergot
111 Orte in Ostfriesland, die man gesehen haben muss
ISBN 978-3-95451-828-9

Danksagung

… und ein kleines Schlusswort

Bei meinen Recherchen zu diesem Buch fiel mir rasch auf, dass es zu manchen Orten auf Spiekeroog nur wenige, zu einigen auch widersprüchliche Informationen gibt. Ein Grund dafür ist, dass auf Spiekeroog früher viele Informationen nicht schriftlich festgehalten, sondern mündlich von Generation zu Generation weitergetragen wurden. In die Ausführungen einiger Autoren flossen zudem in nicht unerheblichem Umfang persönliche Erfahrungen und Meinungen ein.

Ein Beispiel für die bunte Meinungsvielfalt auf Spiekeroog ist die Namensgebung und Position des Friederikenwaldes: Während manche Insulaner nur das am Ende des Friederikenwegs gelegene Waldstück so bezeichnen, trägt für andere das Wäldchen südlich des Eierschießerplatzes (zwischen Froschkönigteich und »Salzwasserbuche«) diesen Namen. Viele sprechen auch vom zweigeteilten Friederikenwald (sprechen also beiden Wäldchen diesen Namen zu) – ich habe mich in diesem Buch ebenfalls für diese Variante entschieden. In den Aushängen im Nationalpark-Haus Wittbülten und im Flyer vom Dünenspaziergang wird das am Ende des Friederikenwegs gelegene Wäldchen indes ausschließlich als Oosteranplantung bezeichnet – diesen Namen verwendet jedoch kaum ein Insulaner. Darüber hinaus gibt es sogar die Ansicht, dass der Friederikenwald bis auf eine halb umgestürzte Schwarzkiefer und besagte Buche bereits verschwunden ist.

Einen Konsens für alle strittig bezeichneten oder »erlebten« Orte auf Spiekeroog zu finden – dies gilt auch für die Mythen und Sagen auf der Insel – ist unmöglich, aber auch nicht zwingend notwendig – schließlich tragen verschiedene Meinungen auch etwas Belebendes in sich.

Das vorliegende Buch ist keine wissenschaftliche Abhandlung. Gleichwohl soll es, so gut wie aus den erhaltenen Quellen möglich, korrekt informieren. Darüber hinaus will es vor allem unterhalten, kuriose Orte mit einem Augenzwinkern beschreiben und die Neugier für eine wunderschöne Insel wecken. Um den Zauber und die Ursprünglichkeit Spiekeroogs noch lange genießen zu können, sollte sich jeder Besucher so achtsam wie möglich verhalten, die vorgegebenen Pfade nicht verlassen und die Inselschönheit nicht als Müllplatz missbrauchen.

Ich danke allen, die mit ihrer Begeisterung und ihrer Liebe zur Insel zum Gelingen dieses Buchs beigetragen haben. Für ihre Hilfe und Unterstützung möchte ich mich ganz besonders bei Edyta Fischer, Familie Göken, Sabine Hansen, Patrick Kösters, Mareike Ringena, Edgar Schonart und Coni Wiethorn bedanken. Herzlichen Dank auch an Ulli Bauer, Lars Bücking, Carsten Karger, Konstanze Lange, Dieter Mader und Anja Sander, die mich bei der Umsetzung meines Projekts ebenfalls sehr unterstützten. Ich danke André Basold, Kristin Bergmann, Ralf Brand, Hartmut Brings, Axel Bullenkamp, Angelika Feuerlein, Andreas Flug, Swaantje Fock, Yvonne Fuchs, Svenja Gieseke, Carsten Heithecker, Karen Hohn, Andrea Leber, Dirk Nannen, Maxie Neubacher, Sabine Nöthen, Christiane Prang, Christian Roll, Lars Scheller, Hannes und Elke Schröder, Gabriele Türr, Timo Wiethorn und allen unbekannten kleinen und großen Leuten, die mir Faszinierendes und Wissenswertes über die Insel erzählten.

Zu den Fotos

Die meisten Fotos in diesem Buch habe ich selbst aufgenommen. Denjenigen, die für dieses Buch ihre Fotos zur Verfügung stellten (Seite 2), ein herzliches Dankeschön!

Den größten Abschiedsschmerz meiner Kindheit hatte ich immer,
wenn wir von Spiekeroog abfuhren. Es war jedes Mal wieder so,
als ob man von zu Hause ausziehen müsste.
Johannes Strate, Sänger der Gruppe Revolverheld (Zitat in GEO, Juni 2016)

Nähme ich Flügel der Morgenröte und bliebe am äußersten Meer,
so würde auch dort deine Hand mich führen …
(Psalm 139, 9 auf dem Grabstein von Heye Deepen)

Der Autor

Ingo Stock wurde 1968 im ostwestfälischen Lemgo geboren und bereist seit vielen Jahren regelmäßig seine Lieblingsinsel. Der promovierte Diplom-Biologe arbeitet seit 2001 als freiberuflicher Wissenschaftsautor für medizinische Fachzeitschriften. Seit 2010 publiziert der passionierte Naturliebhaber und Hobbyfotograf auch Reiseerlebnisbücher. Zuletzt erschien im Emons Verlag sein Buch »111 Orte im Teutoburger Wald, die man gesehen haben muss«.